FRANÇAIS & ITALIENS

DU MÊME AUTEUR

Paris (MONUMENTS ÉLEVÉS PAR LA VILLE). 4 vol. in-folio,
400 planches. . . . . 350 fr.
Les Écoles publiques en France et en Angleterre, 1 vol. in-8,
illustré. . . . . 7 fr. 50
Les Écoles publiques en Belgique et en Hollande, 1 vol. in-8,
illustré. . . . . , 7 fr. 50
Les Écoles publiques en Suisse, 1 vol. in-8 illustré. 7 fr. 50
Les Nouvelles Écoles publiques, 1 vol. in-8 illustré. 7 fr. 50

Notes de voyage, Hollande, Danemark, Allemagne. 1 vol. in-8,
illustré. . . . . 20 fr. »
Un tour en Europe (AVENTURE DE WILL KNOBBS). 1 vol.
in-18. . . . . 3 fr. 50
En Allemagne.—La Prusse et ses annexes, 1 vol. in-18 anglais,
illustré. . . . . 5 fr. »
En Angleterre. — Angleterre, Ecosse (LES ORCADES, LES
HÉBRIDES). — Irlande, 1 vol. in-18 anglais, illustré. 5 fr. »
L'Italie des Italiens, 1 vol. in-8 anglais, illustré. . 5 fr. »
Francesco Crispi (L'HOMME PUBLIC, L'HOMME PRIVÉ). 1 vol.
in-18. . . . . 3 fr. 50

Histoire d'une ferme, 1 vol. in-8 carré, illustré. . 10 fr. »
Histoire d'un pont, 1 vol. in-18. . . . . 3 fr. »

Monsieur le Préfet des Hauts-Monts, 1 vol. in-18. 3 fr. 50
Monsieur le Député de Chavone, 1 vol. in-18. . . 3 fr. 50
Le Ministère de Martial Ravignac, 1 vol. in-18. . 3 fr. 50

ÉVREUX, IMPRIMERIE DE CHARLES HÉRISSEY

FÉLIX NARJOUX

FRANÇAIS ET ITALIENS

PARIS

NOUVELLE LIBRAIRIE PARISIENNE

ALBERT SAVINE, ÉDITEUR

12, *Rue des Pyramides*, 12

1891

FRANÇAIS & ITALIENS

I

Il faut plus d'un coup du marteau pour enfoncer un clou.

Aussi sommes-nous loin de compte avec celui sur la tête duquel nous frappons.

Notre but était, il est encore, car il n'a pas changé, de montrer aux Français qu'ils ne connaissent pas, ou, bien pis, qu'ils connaissent mal leurs frères Italiens ; que l'Italie n'est pas le pays arrangé par leur imagination ; que, de l'autre côté des Alpes, il existe une grande nation protégée par une puissante armée.

Nous voulions détruire l'illusion dangereuse, entretenue en France, sur les prétendus bons sentiments du peuple Italien à notre égard, estimant que ces sentiments, s'ils existent, se rencontrent chez certaines gens au pouvoir et non dans la masse populaire.

Enfin, étant admis les avantages d'une union entre la France et l'Italie, il nous semblait que, pour en obtenir la réalisation, c'était un mauvais moyen de parler aigre, se montrer malveillant envers les Italiens, les railler et les tenir en dédain : les mouches passant pour préférer le miel au vinaigre.

Le résultat obtenu par nos efforts est assez maigre. Le clou que nous nous efforçons d'enfoncer est bien gros, il résiste; notre besogne n'avance pas vite.

Notre éditeur, un homme habile, de bon conseil, toujours rempli des meilleures intentions, nous fait observer que nous allons contre le sentiment public, que nous remontons le courant; entreprise ardue, rarement couronnée de succès, nous dit-il. Que ne daubez-vous sur Crispi, sur l'Italie, sur l'Italien! Votre succès serait assuré et la vente de votre livre certaine. Si, encore, si, au moins, ajoute cet homme habitué à voir les choses de loin, vous aviez un parti pris, si vous étiez pour le Pape, pour le Roi, ou pour la République, vous auriez, de votre côté, les amis de l'un, les ennemis de l'autre... mais, loin de là, vous dites à chacun son fait, personne n'y trouve son compte.

Il en parle à son aise; pourtant, mieux que

personne, il sait combien parler contre sa pensée est mal aisé ; se taire quand on croit avoir quelque chose de bon à dire n'est pas donné à tout le monde.

Aussi nous continuons notre tâche et frappons sur notre clou, faisant tous nos efforts pour ne pas nous attraper les doigts.

II

La Presse Italienne.

Les journaux, revues, recueils de toutes sortes, politiques, littéraires, artistiques, publiés en Italie, atteignaient, en 1890, le nombre de 2085.

Ces journaux diffèrent essentiellement les uns des autres, sous tous les rapports, sous celui du succès, surtout. Ceux qui prospèrent et ont une nombreuse clientèle forment l'exception; le plus grand nombre végètent, couvrent à peine leurs frais.

Les feuilles politiques sont, bien entendu, les plus importantes et les plus nombreuses : la politique est une passion éminemment italienne.

Outre les grands journaux, paraissant dans les

villes importantes, Rome, Naples, Palerme, Florence, Milan, Venise, Turin, Gênes, nombre de villes secondaires, sinon toutes, possèdent de petits journaux qui reproduisent les nouvelles d'intérêt général et s'occupent des questions d'intérêt purement local.

Les revues uniquement littéraires ou artistiques sont moins nombreuses qu'en France ; elles sont présentées avec moins de luxe dans la publication.

Certaines revues ont des allures excentriques ; elles s'adressent à un public spécial. De ce nombre, sont : *L'Ami des Aveugles*, paraissant à Florence, une fois par mois, *L'Ange des Vierges*, paraissant, à Modène, une fois par mois, *La Chaussure illustrée*, paraissant à Turin, une fois par mois, *La Chronique de l'Aliéné*, paraissant à Sienne, deux fois par mois, *L'Echo du Perruquier*, paraissant à Florence, une fois par semaine, *Cri-Cri*, revue hebdomadaire illustrée avec dessins en couleurs, paraissant à Rome, le samedi, *Pif-Paf*, journal satirique hebdomadaire, paraissant à Palerme, le jeudi.

Les journaux illustrés sont médiocres. Presque tous les grands journaux publient, chaque semaine, un numéro supplément, avec illustrations. Ces publications sont à très bas prix et valent à peine nos publications Françaises faites dans des conditions analogues. L'*Illustrazione Italiana*, la *Riforma illustrata*, font, cependant, exception.

Les journaux à images sont d'ordre inférieur. Les sujets des dessins traduisent, le plus souvent, des idées triviales, genre égrillard. Souvent aussi, trop souvent, même, ils copient les dessins scabreux des nôtres.

Il a récemment paru, à Venise, une publication illustrée pouvant aller de pair avec les plus belles publications parues à Londres et à Paris : c'est la *Monographie de Saint-Marc*. Cette publication de format exceptionnel et de grand luxe a, croyons-nous, été tirée à Londres ; mais elle a été préparée, étudiée à Venise, par un Italien. Elle est, sans contredit, une des plus belles, sinon la plus belle, des œuvres de ce genre qui ait paru, ces derniers temps, en Europe[1].

Viennent, maintenant, les journaux politiques dont nous avons, surtout, à nous occuper.

En France, à part de rares exceptions, comme à Lyon, Marseille, Bordeaux, Lille, les journaux de province n'ont ni importance, ni intérêt général. Leur influence ne dépasse pas un cercle restreint et s'exerce à peu près uniquement pen-

---

[1] La bibliothèque de l'Ecole des Beaux-Arts, à Paris, en possède un exemplaire.

dant les périodes électorales. Les journaux les plus répandus ont, seuls, un tirage suffisant pour, grâce au produit des annonces, couvrir leurs frais et réaliser des bénéfices.

En Italie, toutes les grandes villes, anciennes capitales, ont, chacune, plusieurs journaux répandus dans tout le royaume, et représentant les diverses opinions politiques en faveur dans le public. Cléricaux, radicaux, libres-penseurs, socialistes, amis du Roi, amis du Saint-Père, partisans du ministère actuel, du ministère futur, tous ont un « organe ». Le parti le moins bien pourvu est le parti républicain. C'est, il est vrai, le parti politique qui compte le moins d'adhérents. Si les questions sociales, les questions nationales, agitent beaucoup les esprits Italiens, en revanche, la forme du gouvernement les préoccupe peu.

Les journaux de grand format sont imprimés sur des feuilles de 0ᵐ,90 sur 0ᵐ,55, pliées en deux. Le papier est léger, les caractères et l'encre sont médiocres.

Il Messagero, de Rome, *Il Secolo*, de Milan, *Il Messagero e Il Pungolo*, de Naples, *La Gazzetta del popolo*, de Turin, sont seuls imprimés au moyen de presses rotatives.

La mise en page des grands journaux est habilement faite. Les différents articles sont dispersés dans le corps de la feuille, suivant l'intérêt qu'ils doivent exciter, plutôt que d'après leur importance et leur nature, de façon à tenir l'attention du lecteur en éveil. L'article en vedette n'existe pas. L'article saillant n'occupe pas toujours la même place; il est tantôt à une page, tantôt à l'autre; le lecteur doit donc chercher dans son journal, le parcourir, au lieu de se contenter de l'examen d'une partie déterminée.

Dans quelques journaux, les annonces n'occupent pas une page spéciale, mais une colonne de chaque page; d'autres égaient leur texte de dessins, lesquels, il faut le reconnaître. ne valent pas grand'chose.

Les articles de fond sont rares; en revanche, les informations sont considérables. Elles sont présentées sous des formes très diverses, non seulement par suite de leur emplacement, mais encore par suite de la variété dans le choix des caractères et la disposition de titres qui attirent les yeux par leurs indications ronflantes, à la façon des journaux américains.

Les pages sont très remplies. La place réservée au titre est aussi restreinte que possible. Le feuilleton se trouve, le plus souvent, en tête de de la quatrième page. Il se compose, presque toujours, de la traduction d'une œuvre de littérature étrangère, Française et Anglaise.

Comme fabrication matérielle et comme apparence, ils sont supérieurs à ceux de nos journaux de Paris, paraissant dans les mêmes conditions.

Tous ces journaux, indistinctement, à deux ou trois exceptions près, se vendent *un sou*. Le prix d'abonnement est de vingt-quatre francs par an.

Quand un abonnement touche à sa fin, l'abonné reçoit la circulaire suivante, ou analogue :

« Honorable monsieur,

« Je trouve, parmi les abonnements qui se terminent à la fin du présent mois, votre nom révéré, et je vous adresse la présente pour prier Votre Seigneurie de consentir à prolonger, pour longtemps encore, l'honneur de la compter parmi nos abonnés.

« Le mérite de notre journal, le mieux informé d'Italie, la valeur des primes que nous accordons à nos abonnés et la modicité du prix de nos abonnements, ne nous font pas douter que Votre Seigneurie ne soit disposée à nous continuer sa bienveillance.

« J'ai pris mes dispositions pour éviter les

inconvénients qui se sont, autrefois, produits dans l'envoi du journal et dans celui de la prime, qui, maintenant est fait avec la plus grande exactitude.

« Je saisis cette occasion pour me mettre entièrement à la disposition de Sa Seigneurie et pour me déclarer son très dévoué.

« Le directeur administrateur. »

Comme partout ailleurs, il existe en Italie une presse salariée, c'est-à-dire officieuse, qui accepte les faveurs du pouvoir et les reconnaît[1].

Les articles ne sont pas signés du nom de leur auteur. Le nom des directeurs, des rédacteurs en chef, n'est pas indiqué.

Au point de vue de la publicité, nos réclames à l'aide d'une anecdote, d'un fait divers, ne sont pas en usage et, malgré l'amour du cabotinage

---

[1] M. Nicotera, attaqué par la *Gazzetta d'Italia* au moment où il quittait le ministère, fit connaître que ce journal recevait une subvention annuelle de 120,000 francs et en avait obtenu, en 1876, une exceptionnelle de 400,000 francs.

Nous avons déjà indiqué que les ministères de droite subventionnaient largement, entre autres journaux, la *Gazzetta d'Italia*. La ville de Naples dépensait, elle aussi, 400,000 francs pour soudoyer ses journaux. Rappelons, enfin, que, en 1880, ou près de là, on découvrit que les cinq principaux journaux d'Italie étaient aux gages du banquier Oblieght. (Xavier Merino, *l'Italie telle qu'elle est,* chez Savine, 1890.)

poussé chez les Italiens aussi loin que chez nous, on ne trouverait pas, dans un journal italien, une réclame annonçant au lecteur que M° R... a reçu, pour apprendre à danser le cancan, les leçons de Mlle la Goulue ou de Mlle Grille d'Egout.

Les journaux ont une rubrique spéciale pour la correspondance amoureuse. On trouve fréquemment, dans les feuilles les plus sérieuses, les plus honnêtes, des avis dans le genre des suivants :

Rose. — Pourquoi me demander si je veux bien. T'ai-je jamais refusé? — Je ne vis que pour toi. — Je meurs loin de tes caresses. — Pense à celle qui t'adore.

Sempre. — Je meurs si tu me refuses ton amour. Mon ange, cesse d'être cruelle. — Fie-toi à moi. — De longs baisers sur tes lèvres rouges.

Avril. — Je ne puis vivre, depuis que je suis privé de tes caresses. Les souffrances des martyrs n'approchent pas des miennes. Ton amour me ravit. Tes baisers me transportent: — Je vais offrir mes souffrances au sacré cœur de Jésus. — A demain chère petite femme. — Fais attention à ma canne[1].

---

[1] Ceci mérite une explication : La canne de l'amoureux Italien lui sert à se mettre en rapport avec celle qu'il aime. Voici le vocabulaire en usage :

Ces journaux ont des correspondants dans toutes les capitales de l'Europe et publient des correspondances spéciales ; beaucoup de ces correspondances sont très bien faites, très bien renseignées.

La valeur d'un de ces grands journaux, clientèle et matériel, est considérable. La *Tribuna*[1] de Rome a récemment, été cédée, par le prince Sciarra, à M. Sonzogno, l'éditeur de Milan, moyennant un million de francs, non compris la ferme des annonces payée par la banque Romaine, 300,000 francs par an.

La canne tenue horizontalement, des deux mains, signifie : je t'aime.

La pomme portée aux lèvres : je te demande un baiser.

La pomme rapprochée des yeux : je suis affligé.

La canne tournant dans les doigts : nous sommes observés.

La canne sous le bras : j'attends un signal.

La pomme près du menton : j'ai à te parler.

La pomme dans la main : tu me plais beaucoup.

La canne renversée, la pomme près de la terre : je suis pressé.

La canne tombée par terre : j'ai à te remettre une lettre.

La canne tenue par le milieu avec la main gauche : j'attends.

[1] *La Tribuna*, un des plus grands journaux de Rome a été fondée par le prince Sciarra ; elle coûta, au début, 60,000 francs par an à son propriétaire.

Le prince Sciarra, un des plus riches gentilshommes d'Italie, s'est ruiné dans les spéculations immobilières de ces derniers temps. C'est à lui qu'appartient, ou appartenait, l'immense immeuble de la rue Marco-Minghetti, connu sous le nom de maison ou palais Sciarra. C'est là que sont situés les bureaux de *la Riforma* et ceux de *la Tribuna*. Les murs du hall de ce palais sont recouverts de peintures réalistes représentant les différentes phases de l'existence d'une jeune fille.

Pas plus en Italie qu'en France, l'administration, la police, la justice, ne témoignent grands égards pour les journalistes. Celui d'entre eux qui encourt une condamnation pour délit de presse doit subir sa peine dans la prison des détenus pour délits de droit commun, aux Carceri Nuove [1] qualification qui lui a été donnée il y a deux cents ans. Il faut, cependant, ajouter que dans la prison centrale, en construction, à Rome, un quartier spécial est prévu « en faveur » des condamnés politiques et des condamnés pour délits de presse.

Les journalistes Italiens se battent en duel aussi volontiers que leurs confrères Français, témoin la statistique des duels ayant eu lieu, dans le royaume, de 1879 à 1889 [2].

[1] Un journaliste français, M. Henri des Houx, condamné, en 1884, à un mois de prison, pour avoir mal pensé et mal parlé des hommes du gouvernement, dans son journal, a subi sa peine aux Carceri Nuove. Il a, ensuite, raconté sa détention et a fait, des horreurs de son cachot, un récit fort attachant, mais peu consolant. Il a connu, en prison, un évêque défroqué, un notaire faussaire, un comptable indélicat, des voleurs de tout ordre qui valaient mieux que ses juges.
Peut-être, a-t-il exagéré ?

[2] De 1879 à 1889, les duels qui ont eu lieu dans tout le royaume se sont élevés au nombre de 1859 à l'épée, 99 au sabre, 179 au pistolet et 1 au révolver. Comme conséquences à ces duels : 50 blessures mortelles, 1060 blessures graves, 1400 blessures légères et 1141 blessures insignifiantes.
Les causes de ces duels, se répartissent de la manière sui-

Les principaux journaux politiques et littéraires publiés en Italie sont les suivants :

JOURNAUX PUBLIÉS A ROME

Capitan Fracassa. — Fondé en 1879. Petit format. Quotidien. Défenseur du ministère au pouvoir, quel qu'il soit. Fait la contre-partie du Don Chisciotte. Un des reptiles de Crispi, disent ses adversaires. Rédaction soignée. Etudes littéraires à signaler.

Il Don Chisciotte. — Journal d'opposition ministérielle. N'a pas encore soutenu un ministère, de même que le *Capitan Fracassa* n'en a pas encore attaqué un. Journal satirique, illustré de caricatures appelées pupazzetti. Très répandu et très lu à cause de la malveillance de ses articles et la transparence de ses allusions.

vante : 974, polémiques de presse ; 730, disputes ; 349, discussions politiques, 184, motifs intimes ; 178, voies de faits ; 29 discussions religieuses ; 19 scènes de jeu et 132, causes diverses.

C'est pendant le mois d'août qu'a lieu le plus grand nombre de ces duels, et pendant le mois de décembre, le moins.

Par rapport à leur profession, les duellistes de l'année 1888 se répartissent ainsi : 165 publiscites, 156 militaires, 64 avocats, 14 députés, 14 professeurs, 14 ingénieurs, 6 magistrats ; 8 maîtres d'armes, 3 banquiers, 2 auteurs dramatiques, 1 ténor, 29 sans profession.

Il Diritto. — Fondé, en 1852, à Turin. Grand format. Quotidien. Organe des opinions avancées. Opposé à la politique de Crispi. Publie de remarquables correspondances sur la politique étrangère des gouvernements d'Europe.

Fanfulla. — Fondé, en 1869, à Florence, alors capitale du royaume. Petit format. Quotidien Journal de la droite parlementaire. Moniteur de la cour. Renseigne le public sur tout ce qui se passe au Quirinal et sur tout ce qui concerne la famille royale. Attaque vivement Crispi, l'accusant de manquer de respect au Roi. Favorable à la triple alliance. Feuille littéraire, très soignée comme publication.

Outre son édition quotidienne, le Fanfulla publie, le dimanche, un supplément littéraire [1].

L'Italie. — Fondée, en 1859, à Turin, transféré à Florence, en 1864 et, à Rome, en 1870. Grand format. Quotidien. Se publie en langue Française. Journal d'informations internationales.

Il Messagero. — Petit format. Quotidien. Journal populaire, très répandu, à peu près notre *Petit Journal.* Manifeste, parfois, des tendances sym-

[1] Correspondant à Paris M. Caponi.

pathiques à la France, dues à son correspondant
à Paris [1].

Le Moniteur de Rome. — Fondé en 1882. Quotidien. Grand format. Publié en langue française.
Journal officiel du Vatican. Défend les revendi-
cations du Pape et du parti clérical. N'est guère
lu que par les membres du clergé.

L'Opinione. — Fondée en 1857, à Turin. Transféré, à Florence, en 1864, et, à Rome, en 1870.
Grand format. Quotidien. Organe du parti con-
servateur libéral. S'adresse à une clientèle riche.
Contient beaucoup d'annonces. Publie de remarquables critiques d'art. Est regardé comme un
journal dit « sérieux ». Journal doctrinaire. On
peut le comparer aux *Débats.* Manifeste, envers
la France, des sentiments d'hostilité persistante
et systématique.

L'Osservatore Romano. — Quotidien. Grand
format. Politique et religieux. Est, en langue
italienne, ce que le *Moniteur de Rome* est en

___

[1] *Il Messagero* a, pour correspondant à Paris, M. Raqueni,
une des plus sympathiques personnalités de la colonie Italienne
à Paris. M. Raqueni, est en outre, le directeur-fondateur de
l'Epoque, journal de l'union des races latines, paraissant à
Paris, en français, grand format quotidien anti-crispinien.

langue française. Publie les nouvelles du Vatican, les encycliques du Pape. Journal officiel du Saint-Père. Le *Moniteur de Rome* n'en est que le journal officieux.

Il Popolo Romano. — Fondé, en 1872, à Rome, après l'installation du gouvernement. Grand format. Quotidien. A un tirage de 50,000 ex. Est installé Via de' Due Macelli, dans un palais construit à ses frais. Autrefois, organe de Deprétis. Défenseur des idées de la majorité parlementaire actuelle.

Revue internationale. — Fondée en 1883. Format in-8°. Paraît tous les mois, en langue française. Publication peu soignée, au point de vue de l'apparence. Articles biographiques. Documents inédits sur des personnages marquants. Chronique du Vatican. Déclare accueillir les théories sérieuses et libérales de toutes les opinions et représenter le mouvement intellectuel des Deux-Mondes.

La Riforma. — Fondée, en 1869, à Florence, par Francesco Crispi, transférée à Rome, en 1870. Sa publication, suspendue à cette époque, a été reprise en 1872. Puis, suspendue de nouveau, en 1873 et reprise en 1878.

Journal quotidien, politique, artistique, financier. Grand format. Organe officiel de Crispi et de sa politique. Lui appartient. A pris, ces dernières années, une grande importance.

La *Riforma* a, pour rédacteur en chef, M. Primo Levi, écrivain de talent, très instruit, très intelligent, élu député d'un des collèges de Sicile, aux élections de 1890. Personnellement sympathique aux Français, sinon à la France.

La *Tribuna*. — Fondée en 1882. Grand format. Quotidien. Journal dynastique. Représente l'opposition du parlement à la politique de Crispi. Contient d'importantes correspondances d'Italie et de l'étranger. A la spécialité des nouvelles parlementaires à sensation.

JOURNAUX PUBLIÉS A FLORENCE

La *Nazione*. — Fondée en 1858. Le plus ancien des journaux de Toscane. Grand format. Quotidien. Un des rares journaux italiens se vendant dix centimes. Organe des idées libérales, politiques et sociales.

Nuova Antologia. — Revue des sciences, des lettres et des arts. Bi-mensuelle. La plus importante revue d'Italie. Analogue à notre *Revue des Deux-Mondes* dont elle a l'influence et le succès. La *Nuova Antologia* peut donner idée exacte des productions littéraires actuelles de l'Italie. M. Salvatore Farina, le Dickens italien, y publie des romans ; M. de Gubernatis, des articles sur la littérature étrangère ; M. Bonghi est rédacteur de la chronique politique.

JOURNAUX PUBLIÉS A MILAN

La *Perseveranza*. — Quotidien. Grand format. Royaliste parlementaire. Un des journaux influents d'Italie. A été, autrefois sympathique à la France.

Il Secolo. — Gazette de Milan. Fondé en 1865. Quotidien. Petit format. Impression et papier médiocres. Contient, souvent, des illustrations. Journal le plus répandu de l'Italie. Tirage 200,000 ex. Très bien rédigé. Aucun journal (le *Secolo* le déclare) ne peut lui être comparé. Il l'emporte sur tous par l'intérêt de ses correspondances avec toute les parties du monde et l'excellence de ses informations. Son tirage est le plus important de tous les journaux Italiens; il est plus important que tous les autres journaux politiques de Milan réunis.

Le *Secolo* est l'organe du parti républicain. Il a, pour rédacteur en chef, M. Moneta, un des premiers journalistes d'Italie. Les tendances républicaines de M. Moneta le font regarder comme sympathique à la France.

JOURNAUX PUBLIÉS A NAPLES

Corrière di Napoli. —Quotidien. Moyen format. Correspondances spéciales de l'Italie et de l'étranger. Comptes rendus télégraphiques des séances du Parlement. Journal d'informations. A un correspondant en Abyssinie. Celui de tous les journaux italiens qui fait montre de l'hostilité la plus violente, la plus bruyante, contre la France. Réclame, chaque jour, l'occupation de Tunis par les troupes Italiennes.

Il Piccolo. —Fondé en 1866. Quotidien. Moyen format. Organe populaire. Opinions avancées. Tirage considérable[1].

[1] C'est dans le *Piccolo*, alors dirigé par Zerbi, que parut, le

Il Pungolo. — Fondé en 1859. Quotidien. Moyen format. Mal imprimé sur mauvais papier. Feuille d'opposition parlementaire Un des reptiles de Crispi. Manifeste de violents sentiments d'animosité contre la France.

Roma. — Fondé en 1861. Quotidien. Moyen format. Donne en détail les nouvelles politiques et municipales de Rome. Poursuit les améliorations constitutionnelles avec la devise : « Monarchie, démocratie, religion, liberté, » chacun y trouve son compte.

JOURNAUX PUBLIÉS A TURIN

Il Diritto. — Grand format. Quotidien. Journal d'opposition, s'élève contre le renouvellement du traité de la triple alliance, par haine de l'Autriche et non par sympathie pour la France.

La Gazzetta Piemontese. — Fondé en 1865. Grand format. Quotidien. Le plus répandu des journaux de la Haute-Italie. Publie de nom-

27 février 1878, l'article accusant Crispi de bigamie. L'histoire des deux mariages de Crispi était racontée dans tous ses détails : *Francesco Crispi,* par Félix Narjoux. Paris, Savine, 1890.

breuses correspondances de l'étranger. Suit de près les événements qui se passent en France.

Gazzetta Litteraria. — Une des plus anciennes revues littéraires d'Italie. Compte, parmi ses rédacteurs, les hommes de lettres les plus connus. Suit le mouvement littéraire français. Publie des critiques peu bienveillantes sur les ouvrages des écrivains français favorables à l'union des peuples latins.

Il Fischietto. — Fondé en 1847. — Petit format. Double feuille illustrée. Bi-mensuel. Satirique. humoristique, politique et social ; dessins spirituels, charges sans valeur artistique ; texte amusant, esprit local.

JOURNAUX PUBLIÉS A VENISE

L'Adriatico. — Fondé en 1875. Quotidien. Petit format. Organe de la gauche modérée. Très répandu dans les provinces Vénitiennes.

La Venezia. — Fondée en 1875. Quotidien. Petit format. Informations très complètes sur tous les événements d'Italie. Donne les nouvelles politiques en même temps que les journaux de Rome. Royaliste libéral.

Il Veneto. — Quotidien. Petit format. Journal d'informations locales. Soutient la politique de Crispi. Est bien rédigé. A, le 11 avril 1890, publié, sous le titre de : « Une bonne action, » un article dans lequel était préconisée l'union de la France et de l'Italie.

JOURNAUX PUBLIÉS EN SICILE

Giornale di Sicilia. — Fondé en 1860. Moyen format. Quotidien. Paraît à Palerme. Organe du parti Crispi. Bien rédigé. Informations intéressantes sur la Tunisie, la Tripolitaine, la Grèce.

De tous ces journaux, pas un n'est sincèrement, réellement ami de la France, pas un ne prouve, ne fait montre de quelque sympathie envers notre pays ; tous sont malveillants, mal disposés, presque toujours agressifs. Quand paraît en France (ce qui, il faut le reconnaître, n'est pas fréquent) un livre, un article bienveillants, à l'adresse de l'Italie, les journaux italiens

se taisent, n'en parlent pas ; tandis qu'ils reproduisent, on dirait presque avec empressement,
toute nouvelle de nature à aigrir les rapports
entre les deux nations.

Hâtons-nous de constater, avant d'aller plus
loin, que la presse française se conduit exactement de même à l'égard de l'Italie,

Le *Secolo*, de Milan, un des journaux les mieux
faits, les plus répandus d'Europe, est le seul qui
passe pour sympathique à la France. C'est une
erreur de le croire. Le *Secolo* est l'organe du
parti républicain de l'Italie, le parti politique
qui a le moins d'attaches dans le pays ; il a donc
des sympathies pour la forme de notre gouvernement ; il espère trouver, en France, un
appui pour la réalisation de ses espérances ;
mais sa sympathie ne va pas au delà de ses intérêts.

A côté de cette unique apparence de sympathie. l'idée française compte les adversaires les
plus déclarés. Tous les journaux de Naples, et
à leur tête le *Corriere*, affectent contre la France
la plus violente hostilité. De même, tous les
journaux de Rome, ou à peu près. De même,
ceux de Turin, ceux de Palerme, l'*Opinione*
marche en tête de tous.

Pris isolément. les directeurs, rédacteurs, secrétaires, des grands journaux italiens, hommes intelligents, instruits, de formes séduisantes et de bonne éducation, font, dès qu'ils ont posé leur plume, très aimable accueil au confrère étranger. Nous avons personnellement, à cet égard, les meilleurs souvenirs. Cet accueil flatteur, plein de promesses et d'espérances, n'a pas longue portée, n'engage pas, ne change rien aux choses.

Pourquoi ces mauvaises dispositions, pourquoi cette glace si difficile à rompre, si facile à se reformer?

La raison en est simple et aisée à trouver, sans aller bien loin. Elle tient à nous un peu, beaucoup, peut-être, il faut avoir la bonne foi de le reconnaître.

Les Italiens ont l'amour-propre développé outre mesure, c'est là leur moindre défaut. Nous n'avons pas, semble-t-il, de reproches à leur faire, de ce côté. Depuis qu'ils se sont élevés à la dignité de grande puissance, ils se jugent nos égaux et veulent être traités comme tels. Nous n'y consentons pas. Nous raillons leurs prétentions; nous les regardons comme nos inférieurs : ils se refusent à accepter ce rôle. Que ferions-nous à leur place? Nous les avons connus humbles et humiliés. Les parvenus oublient facilemènt leurs débuts ; nous les leur rappelons trop souvent, trop volontiers. Enfin, nous les avons aidés, ils nous doivent beaucoup : les obligés, nations ou individus, aiment rarement leurs bienfaiteurs.

Nous ne sommes, vis-à-vis de l'Italie, ni adroits ni généreux. Pas adroits, quand, au lieu de la flatter, nous la raillons ; pas généreux, quand, au lieu d'oublier nos bienfaits, nous les rappelons et les reprochons.

La situation s'est rapidement aigrie ; bien vite elle est venue à l'état aigu, à l'état de crise.

L'influence de la presse, du journal qui, tous les jours, à la même heure, sous la même forme présente la même idée, la répète sans se lasser, est incontestable. Elle est autrement plus grande que peut l'être celle du livre, de la pièce de théâtre ou de la conversation. Bien des gens ne lisent pas de livres, beaucoup ne vont pas au théâtre ; a-t-on jamais vu, dans une discussion, un des interlocuteurs convaincre son adversaire. Au contraire, tout être civilisé, noble, bourgeois ou manant, lit, chaque jour, « son journal », c'est-à-dire le journal exprimant ses idées, partageant sa manière de voir ; et, qui pis est, il n'en lit qu'un, tenant en mépris tous les autres ceux d'une « certaine presse », c'est-à-dire d'une presse dont les opinions sont différentes des siennes.

La presse est l'unique agent qui forme l'opinion politique d'un pays « libre ». Elle impose, à chaque citoyen, ses idées, sa manière de voir, les modifie à son gré, les dirige dans un sens bon ou mauvais, pas toujours bon.

L'opinion de la presse est donc l'opinion du pays et, comme la presse Italienne est absolument anti-française, l'opinion publique, en Italie, n'est pas favorable à la France.

Affirmer, comme on le fait si facilement chez nous, que la nation Italienne est pour nous, est une grave erreur : les dernières élections générales ont suffisamment prouvé le contraire.

En Italie, nous n'avons, pour nous, ni le Roi, ni la Reine, ni le Parlement, ni la bourgeoisie, ni la Nation. Le peuple, le quatrième Etat, comme on dit aujourd'hui, serait avec nous, s'il était formé en parti politique et social ; mais sa vie est dure, difficile, il gagne à peine de quoi ne pas mourir de faim ; il est ignorant, et à part le pain quotidien, le reste lui importe peu.

Restent le gouvernement, les gens au pouvoir ayant jadis Crispi à leur tête. Peut-être eussions-nous trouvé là des amis ; c'est une thèse que nous avons précédemment soutenue, le peu de succès qui a couronné nos efforts nous empêche d'insister. La presse française et la presse italienne, d'accord en cette occasion, ce qui ne leur est pas habituel, ont, de part et d'autre, déclaré que nous nous faisions le promoteur d'une affaire mauvaise.

Célébrer l'union des deux nations « sœurs » est donc se lancer dans une entreprise qui, de nos jours du moins, a peu de chances de succès. Il nous faut attendre, attendre longtemps, laisser couler l'eau et espérer que le vent ne soufflera pas toujours du même côté.

Combien la presse allemande s'est montrée plus adroite que la nôtre ! Comme elle a su vaincre les préventions, changer en sympathie une antipathie de races et de mœurs ! Chaque jour, au début de la triple alliance, les journaux du jeune Empire célébraient les vertus du jeune Royaume. Les mauvais côtés restant dans l'ombre, on ne voyait que les bons. On daubait un peu sur le Pape et les cléricaux ; on exaltait le Roi, la Reine, le Prince Royal, les ministres, le parlement, l'armée, la presse, la nation ; chacun, tour à tour, avait son coup d'encensoir !

Une telle platitude n'est pas dans notre nature ; nous n'eussions pas su nous en tirer et nous avons bien fait de laisser ce rôle à d'autres; mais ne nous étonnons pas des avantages échus à ces autres.

La presse italienne, de son côté, ne demeura pas en arrière; elle répondit sur le même ton, chanta le même air. Ce doux accord est trop touchant pour durer longtemps, espérons-le.

III

Si la presse italienne est malveillante à l'égard de la France, la presse française, il faut le reconnaître, est, de son côté, aussi peu favorablement disposée que possible à l'égard de l'Italie. Elles ont, l'une et l'autre, les mêmes reproches à se faire et serait injuste celui qui ne déclarerait pas les torts égaux.

Ni le Saint-Père, ni le Roi, ni le Parlement, ni le gouvernement, ni la nation, ne sont épargnés par la presse française et, suivant l'opinion du journal, sont rudement malmenés. La presse italienne le prend de haut et, des deux côtés, avec un égal entrain, s'échangent de mauvais propos.

Cet échange d'aménités n'a pas les conséquences qu'on pourrait redouter et n'aggrave
pas, autant qu'il serait à croire, les fâcheuses
dispositions des deux peuples l'un envers l'autre.
Cela, par une bonne raison : tout simplement
parce que chaque pays lit ses propres journaux
bien plutôt que ceux du voisin; et, s'il connaît
les injures qu'il adresse, il ignore, le plus souvent, celles qu'il reçoit.

Les journaux italiens sont très peu lus en
France; les journaux français le sont moins
encore en Italie. Des deux côtés des Alpes,
l'irritation est donc entretenue, augmentée, par
les attaques, la violence de la propre presse de
haque pays, bien plus que par les attaques, la
violence de la presse étrangère.

Certain jour, nous nous trouvions dans les
bureaux de rédaction de l'un des journaux italiens les moins sympathiques à la France. Au
cours de notre entretien avec le rédacteur en
chef, nous avions déploré la mésintelligence qui
règne entre les deux nations, l'attribuant à l'attitude de la presse italienne à notre égard; lui,
la mettant, au contraire, sur le compte de la
presse française. La discussion avait lieu de façon
très courtoise, en fort bons termes.

— Voilà un paquet de journaux français, nous dit notre interlocuteur, voyez comme vos confrères nous arrangent.

Nos confrères, en effet, étaient peu aimables.

« Favoriser le développement de l'Italie, nécessairement concurrente, nécessairement hostile, serait le fait d'une politique absurde et anti-française. » (*Europe*, 17 mai 90.)

« Crispi, par sa politique néfaste, a donné, à son pays, le servage, l'humiliation et la misère. » (*Indépendant de Fontainebleau*, 19 avril 90.)

« Quels tristes agiotages, quels audacieux accaparements, quel monstrueux égoïsme que celui de la bourgeoisie italienne ! » (*Egalité*, 10 août 90.)

« C'est la signora Capellani (Mme Crispi) qui a poussé son sénile époux. Elle égaie les dîners officiels par ses impairs répétés, son appétit provincial, sa façon ridicule de tenir sa fourchette. » (*La Cocarde*, 12 août 90.)

« Les palinodies affligeantes de M. Crispi et le misogallisme presque maladif dont il fait preuve. » (*Le Patriote*.)

« Nous nous souvenons du discours d'Aix comme d'un mensonge effronté. » (*Observateur français*, 18 avril 90.)

« Quand on voit Crispi commettre la plus

misérable des apostasies et, emporté par son incommensurable orgueil, son appétit de pouvoir, oublier son honorable passé et, faisant litière de sa dignité, accepter toutes les rebuffades, essuyer toutes les avanies... (*Indépendant de Fontainebleau*, 19 avril 90.)

« Un homme qui s'est toujours montré le plus acharné et le plus perfide de nos ennemis. » (*Nouvelle Revue*, 1ᵉʳ mai 90.)

« Dithyrambe en l'honneur de l'Italie, des Italiens, de M. Crispi, de Mᵐᵉ Crispi. Ce livre est fait par un Français et imprimé en France ; cela peut paraître étrange, pourtant cela est. » (*Gazette de France*, 14 mai 90.)

« M. Crispi est en train de charger des mines pour mettre le feu à l'Europe... A présent, M. Crispi n'est plus ni soutenu, ni retenu ; il est capable de se livrer à son tempérament qui est épileptique. » (Le *Matin* 16 juillet 90.)

« Il convient d'avertir l'opinion française, afin qu'elle ne s'émeuve pas outre mesure, si le Sicilien névrosé qui dirige les affaires de l'Italie tombe une fois de plus du haut mal. » (Le *Matin*, 16 juillet 90.)

— Veuillez bien remarquer, fit mon impitoyable confrère, que ces appréciations malveillantes nous viennent à votre occasion, parce que vous avez, dans vos ouvrages, fait montre de bons sentiments à notre égard. C'est la réponse à un appel à la concorde et à l'union. Vous avez commencé par les articles que j'appellerai tragiques. lisez-en de plus amusants. vous verrez si je n'avais pas cent fois raison de vous dire, tout à l'heure, qu'en France, vous ne connaissiez pas mieux l'Italie que l'Abyssinie.

Et il me fit lire le *Figaro* ; non pas les articles du rédacteur qui, chaque matin, cédant à une innocente manie, annonce, pour le jour prochain la ruine du pays, la faillite, la banqueroute ; non c'était l'article d'un chroniqueur :

« ... Est-il vrai qu'il existe, en Vénétie, un grand propriétaire qui, pour protéger les raisius de ses vignobles contre de petites indiscrétions consacrées par une coutume universelle, fait mettre une muselière à chacun de ses vendangeurs [1] ? »

Cela s'imprime, cela se lit, peut-être que cela se croit.

Un autre rédacteur [2] vient de lire la biographie de Francesco Crispi. Il a le volume devant lui, sur sa table. un volume de 300 pages dont il ne cite ni le titre, ni le nom de l'auteur,

---

[1] 5 juin 1890.

[2] 18 avril 1890, article signé WISTH.

ce qui n'est pas précisément aimable de la part
d'un confrère, et s'écrie : « On veut nous dé-
montrer que M. Crispi n'a rien de commun avec
le misogallo classique dont Alfiéri a tracé le
portrait ! »

Comment un écrivain, un lettré, commet-il
une telle erreur? Ignore-t-il donc le sonnet
d'Alfiéri? C'est à croire. Qu'il s'informe, et il l'ap-
prendra : Alfiéri n'a jamais fait le portrait du
misogallo. Au contraire, à la suite de ses dia-
tribes contre les Français, c'est lui qui mérita ce
nom; c'est en son honneur qu'on l'inventa. Si le
misogallisme est ancien, l'expression est récente.

Un autre journal[1] fait voyager un député
français en Italie, et ce brave homme, s'en
allant le nez en l'air, « revient avec les meil-
« leures impressions; il a constaté les senti-
« ments de sympathie qui animent le peuple
« italien à l'égard de la France ».

A quels signes a-t-il reconnu cette sympathie
quand, partout, dans la Presse, dans le Parlement, dans le peuple, il n'existe que des gens
mal disposés? Vous-même l'avez dit, confrère.

Et notre interlocuteur continua : Votre député trouve le peuple italien « beaucoup plus

[1] *L'Epoque*, 20 mai 1890.

avancé qu'il ne le pensait; il le croit mûr pour toutes les libertés ».

Avancés et mûrs pour la liberté, nous le sommes depuis longtemps! Notre constitution italienne est plus libérale que la vôtre, notamment, par exemple, en ce qui concerne notre droit de réunion. Nous jouissons de cette constitution, depuis trente ans, notre maturité doit avancer. Espérons, pour la France, que cet éminent législateur, peut-être l'a-t-on fait parler, voit vos affaires françaises avec un peu plus de perspicacité qu'il n'a vu les nôtres.

Voulez-vous une preuve de la façon dont vous ignorez notre pays, du peu de fruit que vous retirez de vos visites chez nous, trop facilement entraînés que vous êtes à voir uniquement nos monuments et nos musées ?

Tout récemment, je suis informé qu'un des plus hauts fonctionnaires de la République était à Naples; je m'arrange pour me rencontrer avec lui dans le hall de l'hôtel où il se trouvait, et il me fait l'honneur de m'entretenir de son voyage. J'avais hâte de savoir ce qu'il avait vu, quelles impressions il rapportait; peut-être pourrais-je le renseigner, compléter les documents qu'il avait recueillis.

M. le président venait de Rome; il y avait vu

le tableau du *Jugement dernier* de Michel Ange la peinture s'écaillait en plus d'un endroit, il avait, par lui-même, constaté les dégradations et déplorait que le Roi, le gouvernement, ne prissent pas les mesures nécessaires pour empêcher le mal de s'aggraver.

— Le Roi va rarement au Vatican et pour cause, lui fis-je respectueusement observer. Les soins du gouvernement l'absorbent: il passe pour apprécier médiocrement les arts: mais l'observation de Son Excellence est précieuse et je pourrai, dans le prochain numéro de mon journal, appeler l'attention des conservateurs du Musée sur ce point délicat.

Outre cela, M. le président a dû voir la Rome nouvelle, les quartiers neufs, les grands travaux du Tibre. Peut-être a-t-il assisté à la revue des troupes qui vient d'avoir lieu; à une séance du Parlement... Quelles impressions ont produit sur son esprit la transformation d'un peuple, la création de cette capitale, le mouvement d'idées qui naît des discours politiques du Parlement, des polémiques de la presse?

— Je ne suis pas venu en Italie pour m'occuper de politique; j'ai assez de celle qu'on fait en France. J'y suis venu prendre un peu de repos et chercher l'oubli des séances parlementaires

Françaises. Depuis mon départ, je n'ai pas ouvert un journal; je ne comprends pas l'Italien, il est vrai. Les rues de Rome sont un chaos : partout, maisons éventrées, à moitié démolies : c'est une promenade désagréable, aussi j'ai passé mon temps aux musées, et, comme je vous le disais j'ai été frappé de l'état déplorable de certaines œuvres, entre autres, le *Jugement dernier...*

Il ne me fut pas possible de le faire sortir du *Jugement dernier*. Je crus, d'abord, à un calcul de sa part, une manière de se dérober, pas du tout, il était de bonne foi. A Naples, il n'avait pas même traversé la ville, vu les grands travaux en cours d'exécution. Il était allé à la campagne, sur les hauteurs et s'était chauffé au soleil en regardant la mer. Après tout, je le reconnais, il ne s'était pas conduit en maladroit : la vue de la baie, des îles, vaut bien un discours parlementaire et un défilé de soldats. Par malheur, à son retour d'Italie, on croira qu'il nous a vus, il se le persuadera, peut-être, à lui-même.

Répondre nous embarrassait un peu.

— Voulez-vous que nous jetions ensemble un coup d'œil sur la collection de votre propre journal? Nous n'y trouverons, certainement, aucun des écarts, aucune des erreurs que vous nous reprochez.

— A quoi bon, répondit-il loyalement, ceux-ci sont la contre-partie de ceux-là : ils ne sont ni moins agressifs, ni plus sincères.

Maintenant, il faut bien le constater, dussent nos confrères italiens ne pas être de notre avis, il n'est pas possible de les satisfaire et la presse française se mettrait vainement en frais d'avances, et d'amabilités sa peine serait en pure perte. Une raison bien simple l'explique : l'unité de l'Italie n'est pas encore assurée, certaine : tel plaît au Piémontais qui déplait au méridional. Vous ne connaissez que Rome, nous a-t-on dit parfois, si vous connaissiez Milan, si vous connaissiez Palerme..... A Naples, à Turin, on nous reproche de ne pas connaître Florence, Venise, et ainsi de suite.

Les Italiens ne se connaissent pas eux-mêmes et sont malveillants les uns pour les autres. Il faut entendre en quels termes un Piémontais parle d'un Napolitain, et réciproquement.

L'opposition, en Italie, n'a pas pour objet, comme en France, le changement du gouvernement. Nos voisins n'ont pas, comme nous, des royalistes, des impérialistes, des républicains de toutes nuances; ils ne discutent pas le principe de gouvernement et se contentent de se chamailler pour savoir qui sera à sa tête. La fraction républicaine n'a pas d'influence ; elle exerce une action restreinte : cléricaux, libéraux, irrédentistes, sont, au fond, très dévoués au principe monarchique. Ils demandent ce que gouvernés ont, de tout temps et en tout lieu, demandé à leurs gouvernants: diminution dans les impôts, ordre dans les finances, suppression des faveurs et récompense de la vertu. Les uns demandent sans cesse, les autres promettent sans relâche et le désaccord provient de ce que les dupes voudraient bien voir leur tour venir de duper les autres.

Les causes déterminantes de la sympathie que les peuples de nationalité différente peuvent avoir l'un pour l'autre sont difficiles à justifier. Le plus souvent, elles naissent sans qu'on sache exactement pourquoi et disparaissent de même, résultat d'une impression, d'un concours de circonstances : les nations sont nerveuses comme des femmes.

Toutes les nations d'Europe ne nous ont-elles pas, successivement, ouvert ou fermé les bras ? N'avons-nous pas fait de même à leur égard ?

Sans parler de l'Italie, trop directement en cause, ici, sans remonter au delà du second Em-

3.

pire, nous pouvons rappeler la guerre de Crimée et notre animosité d'alors contre les Russes. Peu après, nous redevenons bons amis. Notre ambassadeur reçoit favorable accueil du Czar, nous nous enthousiasmons. Le Czar vient en France, nous lui crions : Vive la Pologne, et on lui tire un coup de pistolet. Aujourd'hui, nous voici empressés à lui plaire, lui faisant des avances.

Nous avons la guerre avec l'Autriche, dans l'intérêt de l'Italie; nous la battons. Peu après, nous lui empruntons un archiduc pour faire un empereur du Mexique. Et, maintenant, nous sommes en froid avec l'Italie.

Il nous revient, au sujet des amitiés internationales, deux souvenirs personnels.

Nous étions en Danemarck en 1874, presque au lendemain de nos désastres. Notre qualité de Français nous rendait l'objet des plus sympathiques démonstrations : nos compagnons de voyage nous serraient les mains, les marchands criaient : Vivent les Français! Un officier nous faisait accompagner par un soldat, pour que nous puissions dessiner en paix sur la Kongens Nitorv de Copenhague. Le Danois n'avait que des paroles de haine pour l'Allemand, la Prusse venait de le dépouiller de ses duchés! Hier l'empereur d'Allemagne est allé à Copenhague ; la ville était pavoisée, la population l'acclamait, et le Roi, le volé, se promenait au bras de l'Empereur, le voleur.

Le Roi de Suède, naguère simple prince Royal, venait, chaque année, passer ses hivers à Nice ; il a certainement oublié, depuis que la « divine Providence l'a appelé à faire le bonheur de ses sujets, » le jour où il s'est précipité dans le bassin du jardin public pour retirer de l'eau un petit drapeau tricolore échappé des mains d'un enfant. Nous le voyons encore le brandissant au-dessus de sa tête, en criant : Vive la France ! aux applaudissements de la foule.

Comme tout sentiment humain, la haine ou l'affection que les nations éprouvent les unes pour les autres est peu durable. Le temps, les événements les modifient, les transforment à la longue ; on s'étonne naïvement de voir ce qu'ils sont, ce qu'ils peuvent avoir été.

Il en arrivera certainement ainsi entre la France et l'Italie. Après les beaux jours en sont venus de mauvais ; l'orage passera ; le ciel redeviendra bleu. Malheureusement, ce moment désiré ne semble pas encore proche ; l'heure propice n'a pas encore sonné.

Pourtant, la situation n'est pas aussi tendue qu'on pourrait le croire. Divers incidents, de ceux qu'on regarde comme de nature à donner lieu à des complications diplomatiques, se sont élevés entre les deux nations et, grâce à la sagesse des gouvernements, les choses n'ont pas pris mauvaise tournure.

Le plus grave de ces incidents est l'expulsion de deux journalistes français[1] auxquels le gouvernement italien a donné quarante-huit heures pour franchir la frontière.

Nos deux confrères, envoyés à Rome par les journaux à la rédaction desquels ils appartenaient, avaient été chargés de fournir des renseignements sur la situation financière de l'Italie. Ils s'acquittaient au mieux de leur tâche. Voyant les choses à leur point de vue, ils jugeaient l'Italie en fort mauvais cas. Avaient-ils tort ou raison? Là n'est pas l'affaire. Ils examinaient et parlaient suivant leur conscience. Ils transmettaient, chaque jour, des correspondances, des télégrammes, annonçant la ruine prochaine, la faillite inévitable, le krack, enfin, de toutes les valeurs italiennes. Déplorable résultat dû à la

____

[1] M. Chenard, correspondant du *Matin*. M. Lavallette, correspondant de l'*Agence Havas*.

politique du gouvernement et, surtout, « à la présence, à la direction des affaires, du président du conseil, M. Crispi », ajoutaient-ils.

Certes, nos confrères avaient le droit de parler ainsi ; c'était leur devoir de sonner un tel glas, puisqu'ils étaient certains de l'exactitude de leurs renseignements, convaincus de la vérité de leurs paroles. Ils allaient, cependant, trop loin, on peut bien le dire, l'événement n'ayant pas justifié leurs alarmes ; la faillite, la banqueroute promises à si brève échéance, ne sont pas encore arrivées et semblent même ne pas devoir se produire de longtemps.

Mais les ministres italiens s'émurent ; en réalité, il y avait de quoi, on ne peut leur en vouloir. Ils s'avisèrent que les journalistes étrangers dépassaient leur droit, abusaient de l'hospitalité donnée, et qu'ils formulaient, trop hautement, un regrettable désir de voir leur portefeuille passer en d'autres mains : là est, peut-être, le point qui les a le plus touchés. On expulsa nos confrères, sans employer, à leur égard, l'urbanité désirable, celle qu'ils étaient en droit d'attendre. On ne leur laissa pas le temps de mettre ordre à leurs affaires. On les fit voyager en seconde classe, sans repos, sans leur demander quel chemin il leur plaisait de suivre, et on leur donna des compagnons de route, gens de police, d'une éducation insuffisante, d'une société désagréable.

Ils avaient à faire à un maître en fait d'expulsion. Crispi possède, sur ces sortes d'opérations, une expérience personnelle. Il a si souvent été expulsé, avant d'en venir à expulser les autres à son tour, qu'il sait comment s'y prendre en pareil cas.

Peut-être bien, penseront quelques-uns, était-ce le cas de se rappeler le temps passé, de se souvenir des jours d'exil, des récriminations contre la dureté et l'injustice des ministres, des promesses faites à soi-même d'agir autrement si jamais ce pouvoir, tombé en si mauvaises mains, arrivait dans les vôtres. Les souvenirs de ce genre sont, paraît-il, de ceux qui passent vite; et cette facilité avec laquelle les expulsés se changent en expulseurs ne fait pas honneur à la solidité des convictions humaines.

Crispi dut se défendre à la tribune de la Chambre et répondre à une interpellation d'Imbriani[1] et de Cavalotti. Il déclara être un ardent défenseur de la liberté de la presse; il n'a pas

---

[1] A cette occasion, Imbriani flétrit, en termes énergiques, la conduite des journalistes italiens, qui, par leur polémique aggressive, poussent la France et l'Italie à une guerre fratricide (24 mai 1890).

expulsé des journalistes, mais les membres d'un syndicat formé dans le but de ruiner le crédit italien. Il dénonce le mauvais vouloir de l'agence Havas, ses agissements regrettables, et donne lecture du manifeste d'une société créée dans le but d'arriver à la baisse de la Rente italienne. Il conclut en déclarant que si l'Italie se montre hospitalière, généreuse pour ses amis; elle est impitoyable pour ses ennemis. La Chambre applaudit, bien entendu.

Le côté triste de l'affaire, c'est qu'un de ces expulsés[1] établit, dans une lettre adressée à M. Bonghi, président de la Chambre, qu'il n'était pas l'auteur des articles à propos desquels il avait été expulsé.

Maintenant, qui eut tort? Nous n'éprouvons aucun embarras à donner notre avis.

A la place de nos confrères, nous eussions, comme eux, parlé suivant notre conscience et rempli notre devoir, sans nous préoccuper de ce qu'il pouvait en advenir; ils sont à l'abri de tout reproche.

A la place du gouvernement italien, nous eussions fait ce qu'il a fait et, sans hésiter, pris les

[1] M. Chenard.

mesures propres à protéger le crédit, la situation financière de notre pays.

Pourtant, il est permis de le supposer, les choses ne sont pas exactement conformes au récit qui en a été fait à la tribune du parlement italien, car par une mesure très libéral dont il faut lui savoir gré, M. di Rudini n'a pas craint d'infliger un blâme à son prédécesseur et a le 27 avril 1891 supporté l'arrêté d'expulsion dont nos confrères avaient été victimes.

Pour finir ce chapitre, nous devons rappeler, apprendre serait peut-être plus juste, que tous les ans, au jour anniversaire de la bataille de Solférino, S. E. l'ambassadeur d'Italie va, en grand apparat, faire une visite officielle aux maréchaux Canrobert et Mac-Mahon. Les journaux italiens mentionnent, chaque année, cet acte de courtoisie, les journaux Français le passent sous silence.

IV

Les armées de terre et de mer de l'Italie. — Ses projets.

I

L'armée italienne me fait l'effet d'une colonne d'airain à la base d'argile, a dit le général Mattéï (juin 1890), lors de la discussion, à la Chambre, du dernier budget du ministère de la guerre, et, développant sa comparaison pour en prouver le bien fondé, le brave général a ajouté :

« Malgré tous les sacrifices faits par le pays, la situation militaire de l'Italie est inférieure à celles des autres nations d'Europe. Malgré les deux cents millions qu'il a coûté, l'armement n'a pas été amélioré. Il faut déjà penser à rempla-cer le fusil Weterly par un des modèles à magasin, à tir rapide, de petit calibre, en usage en Allemagne, en Autriche, en France. Malgré ses transformations, l'artillerie est en mauvais état ! le matériel est insuffisant : les munitions manquent. Malgré toutes les sommes déjà dépensées, la défense des côtes est si peu assurée que Naples ne pourrait être protégé contre le bombardement d'une flotte ennemie. Enfin, si la guerre était déclarée et qu'il lui fallut entrer en campagne, l'Italie aurait, demain, besoin, dès le début, d'au moins quatre cents millions. Où se les procurerait-elle ? »

Venaient, ensuite, des récriminations d'un autre ordre sur l'état des uniformes de la troupe, le relâchement de la discipline : « Dans l'armée, le désordre est tel, dit l'orateur en terminant, que le ministre met à la retraite les meilleurs officiers et conserve à leur poste, fait avancer, ceux que la faveur royale ou des services purement politiques désignent à son choix. »

Ce tableau désolant, répété à l'envi, par tous les journaux d'opposition ministérielle, en Italie, par tous les journaux défavorables à l'Italie, à l'étranger, était bien fait pour nous réjouir, nous autres Français, tant il est vrai qu'ici-bas le bonheur des uns est fait du malheur des autres.

En parlant des officiers, les meilleurs, mis prématurément à la retraite, le général avait laissé percer le bout de l'oreille. Les gens avisés s'enquirent de ce qu'était ce Matteï, jusqu'alors inconnu, dont la courageuse éloquence montrait ainsi les défauts de la cuirasse, qui s'attaquait, sans crainte, à un ministre mettant par sa négligence ou son incapacité la patrie en danger.

Le général Matteï, révélé de si bruyante façon était, tout simplement, un mécontent, un officier d'une incapacité tellement notoire que Bertole-Viale, le ministre de la guerre, l'avait mis à la retraite, sa présence dans l'armée y amenant, précisément, les désordres qu'il signalait. De là, colère bien naturelle du général en disgrâce, et son âpre désir d'amener la chute de son ancien chef, en faisant, à son sujet, des révélations dont, malheureusement pour nous, l'exagération diminuait singulièrement la portée.

Un journal français, *le Gaulois*[1] a envoyé un correspondant en Suisse pour demander à « un membre des plus estimés et des plus influents du conseil fédéral » ce qu'il pensait de l'armée ita-

[1] Article reproduit par la *Tribuna*, 20 août 1890.

lienne. Le conseiller fédéral a répondu : « Je suis allé aux grandes manœuvres, je les ai vus (les sodats italiens), je les ai étudiés : ils ne sont pas changés : ni discipline, ni progrès. Vanité, incohérence, désordre, voilà leur armée. En cas de guerre, vous seriez à Milan, avant qu'ils ne soient seulement mobilisés ! »

Par malheur, le correspondant du *Gaulois* répétait ce qu'un autre avait vu ; s'il eût vu par lui-même, son avis, sans doute, eût été différent.

Un autre journal Français, *le Figaro* [1], également bien renseigné, rend compte de l'impression produite par l'armée italienne :

« Eh bien, à *première vue*, l'armée italienne ne fait pas très grande impression : à dire vrai, une seule arme fait de l'effet, « marque bien », ce sont les bersaglieri. »

« L'infanterie n'a pas l'air d'être à la hauteur, du tout ; les soldats marchent mal, leur tenue, dans les rangs, laisse considérablement à désirer. J'ai vu des soldats dont la tunique était rapiécée et dont les guêtres ne valaient guère mieux. »

« La cavalerie m'a eu l'air d'être très mal montée. »

[1] 2 octobre 1890 (Jacques Saint-Cère).

C'est là, notre puissant confrère l'indique lui-même, une impression à *première vue*. Nous sommes convaincu qu'à une seconde, elle changerait.

L'opinion publique, en France, se forme, par malheur sur de tels renseignements, s'appuie sur de telles bases. Il est inquiétant de penser que, convaincue par de semblables déclarations, la nation, dans un jour d'affolement, pourrait imposer sa volonté et crier : à Rome, à Rome, comme, néfaste souvenir, elle a, jadis, crié : à Berlin, à Berlin.

Montaigne a dit qu'à diminuer son ennemi, on se diminue soi-même.

Si l'armée italienne est indisciplinée, mal équipée, mal commandée, si l'armement fait défaut et si les munitions manquent, pourquoi donc tant nous tracasser à son endroit ? Que redoutons-nous, avec une armée comme la nôtre, avec les ressources vives de notre pays, avec notre puissance financière ? Laissons aller les choses ou, faisons mieux, montrons les dents à ces turbulents voisins et calmons leurs ardeurs belliqueuses.

Malheureusement, si le succès final de l'entreprise nous est assuré nous n'y arriverons point sans peine.

La vérité n'est pas conforme à nos désirs et les illusions que, de bonne foi, on fait naître et on entretient chez nous, nous causeraient, à coup sûr, de pénibles déceptions.

Nous l'avons déjà dit, nous le répétons, nous le répéterons encore, et, ce faisant, nous avons la conviction d'être vrai et d'être utile : L'armée italienne est forte et puissante ; elle est digne de se mesurer avec nous ; elle n'est pas telle qu'on nous le représente.

Croire l'armée italienne dans l'état d'infériorité où on nous la montre est une erreur qui peut nous coûter cher. Propager cette erreur est céder à un faux sentiment patriotique. L'armée italienne ne vaut pas la nôtre, certes ! Il ne s'ensuit pas, cependant, qu'il soit prudent de la traiter en quantité négligeable.

Nous ne parlerons pas des grandes revues passées par le Roi en l'honneur d'une fête nationale, ou de la visite d'un souverain ; ces revues excitent l'enthousiasme populaire ; l'amour-propre national y trouve son compte. Elles ne prouvent pas grand'chose, car elles montrent les seuls corps bien équipés, bien disciplinés. On ne peut vraiment supposer un ministre de la guerre assez

maladroit pour mettre en ligne les corps inférieurs de son effectif.

Au contraire, les revues régulières des chefs
de corps, généraux et colonels, les exercices militaires, les manœuvres de casernes, donnent un
moyen d'apprécier le degré d'instruction et de
tenue des troupes. Quand, en simple spectateur
on regarde des soldats italiens « faire l'exercice »,
on est frappé de leur entrain, de la rapidité de
leurs mouvements, de leur soumission à suivre
les ordres de leurs chefs. Peut-être manquent-
ils de résistance, car les temps de repos sont
plus rapprochés que chez nous et, trop volontiers
en marche, ils entonnent quelque refrain.

Ce ne sont pas là les soldats allemands, se
mouvant de façon automatique et lente, pous-
sant des cris de brutes et agissant de même.
Ressembler aux Allemands n'est pas nécessaire ;
pour notre compte, nous en différons singulièrement, sans le regretter.

Les dimanches, dans les villes de province,
aux heures de parade, quand les soldats ont
quitté leur tenue de travail, on s'assure facilement que leur tunique n'est pas rapiécée, que
leur chaussure est solide. Ce qui frappe l'étranger
est précisément le contraire : certains régiments,
ceux en garnison à Alexandrie, à Milan, par.

exemple, affectent une tenue que nos bons régiments ne désavoueraient pas. Les hommes des régiments de ligne sont moins irréprochables que les autres ; la propreté de leur uniforme n'est pas toujours satisfaisante.

Les bersaglieri valent nos chasseurs alpins. L'entraînement de ces troupes d'élite échelonnées sur les Alpes est prodigieux. Les voir manœuvrer sur les crêtes des montagnes avec autant de sûreté et d'aplomb que dans la cour de leurs quartiers, est un spectable que nous recommandons aux détracteurs de l'armée italienne.

Un fâcheux côté des mœurs militaires italiennes, tradition des mœurs civiles, est la facilité avec laquelle les soldats se laissent aller, entre eux, à des actes de violence. Les discussions finissent, volontiers, par un coup de couteau. La civilisation, l'instruction, n'ont pas encore adouci les coutumes en usage dans certaines provinces : les Abruzzes, la Calabre, la Sicile.

En revanche, la sobriété du soldat est un rare avantage ; l'Italien, dans beaucoup de provinces, est accoutumé, dès son enfance, à vivre de polenta, de châtaignes, de pâtes, d'oignons ou de tomates crues arrosés d'eau claire ; il apporte ces habitudes à la caserne et se trouve heureux du régime auquel il y est soumis.

Comme dans toutes les armées modernes, le soldat italien fait, rarement, sa carrière, du métier des armes. Celui qui reste sous les drapeaux espère l'épaulette. Le recrutement des sous-officiers est rendu difficile, ils aiment mieux rentrer dans la vie civile que contracter un nouvel engagement.

Les officiers travaillent ; ils lisent beaucoup, surtout les ouvrages ayant trait à l'organisation des armées étrangères. Ils appartiennent, en général, à la classe moyenne, sont très fiers de leur uniforme qu'ils soignent et portent avec aisance.

Les officiers généraux sur lesquels le pays est en droit de compter sont : les lieutenants généraux Bertale-Viale, de Morra, Dezza, Caccialupi. Bava-Beccaris, Boni, Corsi, de Saint-Seigne, Ricotti, etc... Sauf le général Ricotti, qui, était, en 1870, à la tête des troupes Piémontaises, lors de leur entrée à Rome, ces officiers généraux n'ont pas encore reçu le baptême du sang en qualité de commandant en chef, ils attendent, avec impatience, une occasion favorable.

Tous ils exerçaient un commandement, lors des grandes manœuvres qui ont eu lieu entre Peschiera et Milan dans l'automne de 1890.

Nous avons conservé un souvenir personnel du spectacle de troupes italiennes manœuvrant aux portes de Caserte, près de Naples sur le champ de bataille où Garibaldi défit François II, en 1860 :

C'était au mois d'avril 1890, un ardent soleil rendait la chaleur accablante ; deux régiments, l'un d'infanterie, le 32e, l'autre de chasseurs « faisaient l'exercice ».

Les hommes, cavaliers et fantassins, avaient la tenue de travail en toile bise, pantalon rentré dans la demi-botte, le bonnet ou le képi, avec la pèlerine en toile.

Les fantassins, sac au dos, armés du fusil Weterly, marchaient allègrement au soleil, à toutes les allures, conservant leurs lignes droites, régulières, leurs distances égales, attentifs au commandement, et faisant preuve d'un merveilleux entrain.

A plusieurs reprises, les cavaliers chargèrent les fantassins qui les reçurent à la pointe de leurs baïonnettes, sans broncher. Les chevaux accouraient à toute vitesse et, d'un coup dur, retenus par leurs cavaliers, s'arrêtaient à trois mètres de distance, sans un accident.

Quand vint le soir, tous regagnèrent leurs casernes, allègres, contents, sans trahir par leur démarche, un excès de fatigue. Ils chantaient, heureux, sans doute, les pauvre diables, de la journée achevée, de l'espoir du repos, de la maigre pitance qui les attendait.

Aux grandes manœuvres d'il y a deux ans, un détachement de soldats de la ligne a arrêté un train de voyageurs, près de Vérone. Des engins, placés sur les rails, ont ralenti la marche du train et, aussitôt, chaque portière a été assaillie, chauffeur et mécanicien se sont vus jetés bas de leur machine : le train, tout entier, est tombé aux mains des assaillants. C'était un exercice de surprenante adresse, exécuté avec une précision remarquable.

Les officiers Français qui ont suivi les grandes manœuvres de 1890, ont constaté, dans leurs rapports, que, malgré la chaleur, les manœuvres de cavalerie avaient réussi ; après une marche de 60, 80 kilomètres par jour, des détachements n'avaient pas laissé un seul cheval en arrière. Les résultats de l'infanterie avaient été moins heureux à cause de nombreux cas d'insolation ; ceux de l'artillerie, au contraire, étaient bons. La poudre sans fumée avait détérioré les pièces, sans offrir, en compensation, d'autres avantages. Quant au fonctionnement du service des subsistances, il avait laissé à désirer.

L'intendance, en effet, est, des services militaires d'Italie, celui qui fonctionne le moins bien. L'Allemagne s'en est émue et a envoyé, de Berlin, des officiers d'administration étudier la question.

En outre, les chemins de fer, dont la marche est irrégulière en tout temps, seraient, en cas de guerre, la source de graves difficultés. Bien des lignes sont encore à voie unique, on se hâte de les doubler partout où il est nécessaire; mais, en ce moment, le transport des troupes pour la mobilisation éprouverait, certainement, des retards imprévus.

Enfin, condition essentielle pour entrer en campagne, avec chances de succès, nos caisses sont bien garnies [1], mieux, sans contredit, que ne le sont celles de l'Italie.

L'armée italienne n'est donc pas parfaite; ses défauts sont nombreux; ils tiennent à sa jeunesse, bien plus qu'à la qualité des éléments qui la composent. Elle gagne tous les jours en

[1] Les guerres du second Empire ont coûté à la France, 2.565.000.000; la guerre avec l'Allemagne a coûté 2.820.000.000; l'indemnité de guerre à la Prusse à été de 5.000,000.000. La campagne de Tunisie a coûté 126,000.000, celle de Madagascar 21.000.000; celle du Tonkin 270.000.000 soit 10.902.000.000. — Depuis le commencement du siècle, la France a dépensé, pour ses guerres, 16.000,000.000. (Exposés de la situation financière de la République. — Pelletan. 1890.)

solidité et en organisation. En réalité, elle est redoutable: la traiter avec dédain, ne pas tenir compte de ce qu'elle vaudra, serait s'exposer à des déboires certains, à de cruelles déceptions.

Examinons, maintenant, l'armée de mer, les établissements maritimes et la flotte. La situation est autrement inquiétante pour nous, sur mer que sur terre.

Dans un pays qui, pour une surface de 296,014 kilomètres carrés, compte 4,800 kilomètres de côtes[1], la marine doit être un organe essentiel, indispensable, d'où dépend sa sécurité, son existence. Aussi, depuis trente ans, est-ce au développement, au perfectionnement de son outillage maritime, que tous les ministres du nouveau royaume ont appliqué leurs soins, consacré leurs efforts.

Après la cession du Comté de Nice à la France, en 1860, l'Italie fut privée de la magnifique rade de Villefranche où se trouvait le port de guerre de la marine Sarde. Ce port, le seul qu'elle possédât, alors, car Gênes était, surtout, un port de commerce, contenait un arsenal, un lazaret, un bagne et un bassin de radoub.

---

[1] Les côtes de France, tant sur l'Océan que sur la Méditerranée, ont 2,400 kilomètres.

Le gouvernement Sarde remplaça Villefranche par la Spezia, la plus belle rade de la Méditerranée, à laquelle Napoléon avait, autrefois, pensé, pour en faire le grand port de guerre de l'Empire.

Le projet de transformation, de création, plutôt, de la Spezia est dû au général Chiudo. Depuis sa conception, le projet primitif a, bien des fois, été modifié et amélioré : il le sera, bien des fois encore, avant son achèvement. Les dépenses s'élevaient, en prévision, à trois cents millions ; on en a déjà dépensé quatre cents et l'œuvre n'est pas achevée, tant s'en faut. Le sera-t-elle jamais ?

La Spezia est située à égale distance, entre Gênes et Livourne. Sa rade, une des plus vastes et des plus sûres de la Méditerranée, a douze kilomètres de profondeur, environ. Elle est ouverte, du côté de la haute mer, par une passe malheureusement trop large, regardant le Sud-Est. Une autre passe existe entre la pointe de Porto-Venere et l'île Palmaria. Six ports naturels, dont les pointes avancées sont défendues par des forts, occupent cette baie au fond de laquelle est le port de la Spezia, le grand port de guerre de l'Italie, le grand arsenal chargé de l'approvisionnement de toute la marine royale.

Les montagnes qui, de tous côtés, entourent cette baie, la mettent à l'abri des vents. Elles sont couronnées de batteries et de forts dont les feux croisés, joints à ceux des passes, couvrent toute la surface de la baie et la rendent intenable à une flotte ennemie qui aurait pu franchir la passe.

La ville, autrefois remplie de jardins en fleurs et de riantes habitations, est, aujourd'hui, occupée par d'énormes bâtisses : administrations publiques, casernes, hôtels, cités ouvrières, etc... Un mur en granit de huit mètres de haut, en moyenne, l'enferme du côté de la terre et se relie au fort des Capucins, le plus important de tous, Ce fort commande les ouvrages inférieurs et est commandé, à son tour, par les forts des crêtes. En sorte que, si, par impossible, l'assaillant venait à s'emparer du fort des Capucins et de tous les ouvrages inférieurs, il ne pourrait s'y maintenir.

C'est à la Spezia que sont concentrés les arsenaux, les dépôts de matériel et de combustible, les chantiers de construction, les bassins de radoub, les bâtiments-école de la marine. Ce port sert de point d'attache à l'escadre des grands cuirassés.

Le nouveau bassin de radoub, récemment

inauguré, mesure 220 mètres de long. Il peut contenir, en même temps, deux des plus grands cuirassés. C'est ce bassin qui reçut le paquebot, l'*America*, quand on dût remplacer son enveloppe. Ce paquebot de 138 mètres de long, avait dû, une première fois, être envoyé à Malte, le bassin de Toulon n'ayant pu, d'autres disent voulu, le recevoir.

Le grand bassin de la Spezia contient 71 mille tonnes d'eau, sa machine d'épuisement a une force telle qu'elle peut le mettre à sec en six heures et demie.

Les chantiers sont éclairés à la lumière électrique et on y travaille jour et nuit pour achever, le plus promptement possible, la *Sardegna*, le grand cuirassé lancé en septembre 1890[1].

La *Sardegna* est construite sur le type de l'*Italia*, elle doit être complètement armée et prête à prendre la mer dans trois ans. Elle a 125 mètres de long et $23^m,46$ de large, tandis que l'*Italia*, le *Lepanto*, le *Re Umberto* et la *Sicilia* mesurent 122 mètres de long sur une largeur variable de 22^m, à $23^m,46$, le *Duilio* et le *Dandolo* n'ont que $103^m,50$

[1] Le roi d'Italie devait assister au lancement de ce navire. La flotte française serait venue le saluer. Craignant que la présence de cette flotte républicaine, en Italie, ne fût l'occasion de manifestations anti-dynastiques, le Roi s'abstint.

Les cuirassés italiens de première classe sont au nombre de quinze : *Italia, Lepanto, Re Umberto, Sicilia, Sardegna, Duilio, Dandolo, Ruggero de Lauria, Morosini, Doria, Ancona, Maria Pia, Castelfidardo, San Martino, Affondatore.*

Les navires de guerre de seconde classe sont au nombre de vingt : trois cuirassés : *Terribile, Formidabile et Galileo,* huit canonnières : *Scilla, Cariddi, Sentinella, Guardiano, Provana, Veniero, Volturno, Curtatone ;* neuf torpilleurs croiseurs : *Tripoli, Goito, Monzambano, Montebello, Confienza, Partenope, Minerva, Aretusa, Urania.*

Nous avons déjà donné, sur la flotte royale, des détails [1] qui nous dispensent d'insister de nouveau à ce sujet. Nous signalerons, seulement, l'activité fiévreuse avec laquelle est poussée, dans tous les chantiers, la construction des torpilleurs de haute mer. L'Italie en aura, bientôt, un nombre suffisant pour parer à toutes les éventualités.

L'avenir des combats maritimes, déclarent les hommes du métier, appartient aux torpilleurs. C'est leur emploi qui, désormais, assurera le succès. On l'a reconnu, de façon incontestable, à l'occasion des dernières grandes manœuvres

[1] *L'Italie des Italiens.* Félix Narjoux. Paris. 1889.

de la flotte française, dans lesquelles le *Formidable*, un de nos plus grands cuirassés, aurait pu être détruit par les torpilleurs, dans la baie de Douarnenez[1].

La flotte italienne vient la troisième, en Europe, pour le nombre de ses navires, elle est, également, la troisième puissance d'Europe par les dépenses consacrées au service de sa marine.

NOMS des PUISSANCES	NOMBRE des Navires		DÉPENSES de	
	1870	1888	1871 A 1889	
France	405	377	3.636.053.634	
Angleterre. . .	378	464	4.335.916.526	
Italie	74	225	1.101.165.533	
Allemagne. . .	47	175	1.000.724.604	2.572.005.814
Autriche. . . .	69	103	470.115.677	
Russie.	126	114	1.979.639.702	

Les révélations accusées par ce tableau ne sont pas à notre avantage ; elles montrent, en effet, que le nombre de nos navires décroît, pendant que celui des navires de l'Italie et de l'Allemagne augmente, au contraire, dans une inquiétante proportion; et cependant, dans le même laps de temps, nos dépenses sont plus du triple que celles de ces puissances. Triste résultat, que le mauvais emploi des ressources du budget et l'existence de déplorables abus peuvent seuls expliquer [1].

La presse a signalé le danger que courait notre marine.

La France construit moins, produit moins, que les puissances maritimes rivales, et, cependant, elle dépense davantage [2].

Le matériel français n'est plus à la hauteur tandis que les matériels allemands et italiens sont en progrès [3].

Il a été démontré jusqu'à l'évidence, que notre matériel naval est dans le plus lamentable état [4].

L'Italie, l'Allemagne et l'Autriche réunies peuvent mettre en ligne 503 unités ; la France n'en aurait que 377 à leur opposer. Nos dépenses, loin d'être moindres que celles de ces trois puissances, sont au contraire, supérieures. Nous dépensons 3,634,053,634 francs tandis qu'elles

[1] Rapport sur le budget de la marine française, 1891. Gerville-Réache.

[2] Les *Débats*, 14 juillet 1890.

[3] La *Lanterne*, 17 juillet 1890.

[4] *L'Epoque*, 4 septembre.

dépensent ensemble, 2,572,005,814 francs seulement.

Comme valeur des équipages et adresse des canonniers, nous ne citerons qu'un seul fait, il est concluant[1] :

Lors des expériences du *Piemonte*, mis en marche à raison de 15 milles à l'heure, ses pièces, à tir rapide, ont tiré 250 conps en quatre minutes et ont atteint 247 fois le but placé à 1,500 mètres et ayant 240 mètres de surface.

La marine italienne est la seule, en Europe, qui possède quarante pièces à tir rapide[2].

Les manœuvres de la flotte royale viennent de se terminer, sans qu'elle ait eu aucune avarie de machines.

Nous, pendant nos grandes manœuvres de 1890, nous avons eu dix bâtiments avariés, et un, le *Milan*, échoué en rade de Brest.

On prétendra qu'avec les machines actuelles, très délicates, très compliquées, des accidents. des avaries, sont inévitables; alors, pourquoi les autres n'en sont-ils pas aussi victimes?

La flotte italienne n'a pas eu à en supporter. La flotte anglaise a croisé, pendant un mois au

[1] Le *Matin* 17 juillet 1890.
[2] L'*Italie*, juillet 1890.

large de l'Atlantique, sans que ses machines aient souffert de cette longue croisière [1].

Un journaliste français, dont le patriotisme et les bonnes intentions ne sont, certes pas en question [2], écrivait, il y a bien peu de temps : « On a si souvent répété au peuple italien que « la marine italienne pouvait lutter avec la pre- « mière marine du monde, qu'il avait fini par le « croire... A la première difficulté, cette marine « éprouve un véritable désastre.... Les candi- « dats de l'opposition ont donc beau jeu à dire « que les millions dépensés pour la marine n'ont « servi à rien... puisque les navires qui ont « coûté des millions ne peuvent tenir la mer. »

Qu'arriverait-il si, confiants dans de telles in- formations, nous partions en guerre ?

Il y a plus de patriotisme à dévoiler qu'à dis- simuler certaines vérités [3].

[1] *L'Epoque*, 4 septembre 1890.
[2] *Figaro* 30 octobre 1890 (Jacques Saint-Cère).
[3] Il n'est pas sans intérêt de rappeler ce que sont nos dé- penses de guerre depuis 1870 :

Après nos désastres, le budget de la guerre a été porté de 420 à 735 millions; celui de la marine, de 182 à 254 millions, non compris le budget extraordinaire dont les dépenses se sont élevées à 1.673 millions, depuis 1888, il faut ajouter à ce chiffre une prévision de 776 millions.

II

Les défenses de l'Italie. — Son plan d'attaque contre la France.
— Ses projets. — Le canal de Sicile. — L'île de Pantellaria.
— Sa position. — Sa destination. — La Tunisie.

L'Italie affirme, bien haut, sa ferme intention de ne pas troubler la paix de l'Europe par une agression contre nous : elle se bornera à se défendre, si nous l'attaquons.

Nous formulons, aussi haut, la même déclaration.

Comme il n'y pas lieu de mettre en doute la sincérité de ces mutuelles déclarations, une lutte armée ne semble pas près de se produire entre les « deux nations sœurs ».

Cependant, à voir les préparatifs formidables que chacun des deux peuples fait de son côté, on jugerait que, tous deux, peu confiants dans leurs affirmations respectives, sont à la veille d'en venir aux mains.

En somme, le meilleur moyen d'avoir la paix n'a-t-il pas, de tout temps, été de se préparer à la guerre.

L'Italie a pris comme un vaniteux plaisir à raconter, dans ses journaux, ses revues spéciales, ce qu'on a appelé ses projets, ses visées. On a pu croire, ainsi qu'elle laissait, naïvement, surprendre des secrets dont la connaissance nous intéressait.

Or, l'Italien n'est pas naïf, tant s'en faut, et quelques esprits mis en éveil lui ont attribué une arrière-pensée. En cherchant si, en cette grave affaire, l'Italien « ne faisait pas l'Indien », comme on dit à Rome, ils ont aperçu anguille sous roche.

L'Italie annonçait, avec grand fracas, les préparatifs faits pour défendre sa frontière des Alpes ; elle révélait que, toujours pour se défendre, elle envahirait la Suisse, sans en respecter la neutralité, qu'elle ferait sa jonction, avec l'armée allemande, à Bâle ; atteindrait Genève, Lyon, etc. Pour annoncer si haut ce qu'elle pouvait avoir l'intention de faire, il fallait que l'Italie pensât à faire autre chose, qu'elle eût à sa disposition un autre tour dans son sac.

Depuis qu'elle est une, l'Italie a toujours rêvé une possession en Afrique. Elle a constamment affirmé son intention de renouer la tradition de l'empire Romain et d'aller là où étaient allés ses pères. Massaouah est une conquête trop incertaine, pour satisfaire une telle ambition, cela se comprend. Notre prise de possession de Tunis a déconcerté de beaux projets, déconcerté, seulement; car l'Italie en a seulement ajourné la réalisation, elle n'y a pas renoncé.

Le traité qui règle les relations commerciales et diplomatiques entre l'Italie et la Tunisie expire en 1896. Notre occupation n'a entraîné aucune modification à ce traité, il ne pouvait en être autrement. L'Italie continue à profiter des avantages qu'elle s'était réservés. Mais, quand viendra l'époque du renouvellement des traités, les choses prendront une autre tournure. La France voudra les modifier, ce sera son droit. L'Italie demandera beaucoup, nous ne lui accorderons rien, ou à peu près. Le Bey regardera, désintéressé dans la question, sûr d'être mangé, en fin de compte; la question de la sauce Française ou de la sauce Italienne, seule, restant à régler.

Ce sera le moment psychologique. Qui de la France ou de l'Italie, commencera? Ni l'une, ni l'autre, chacune n'aura fait que répondre à de prétendues provocations. Le résultat final fixera sur le bon droit de chacune des parties. Le vainqueur sera déclaré avoir raison.

Dans une lutte en Afrique, l'Italie ne risque pas grand'chose. Battue, elle rentre chez elle où il est difficile d'aller la chercher : victorieuse, elle va de l'avant. Tunis n'est-elle pas la porte de Constantine et d'Alger !

La prudence, que nos pères déclaraient mère de sûreté, nous fait donc un devoir d'ouvrir les yeux, de bien regarder, d'être prêts à tout événement, afin d'éviter une surprise.

Nos bons voisins, eux, se préparent et vont vite en besogne. Ils nous occupent, ou croient nous occuper, par leurs préparatifs, au Nord, et travaillent activement, mystérieusement au Midi.

Tunis semblait si bien destinée à devenir, un jour, terre italienne, que le gouvernement italien laissait aller les choses : l'eau devait venir à son moulin, le vent ne pouvait manquer de souffler du bon côté. Notre intervention a surpris les Italiens ; ils sont arrivés trop tard et voudraient, maintenant, retrouver l'occasion manquée. Tunis est leur plus cher objectif, plus cher que Trieste et le Trentin. Ils font leurs préparatifs pour être prêts en 1896, et tout fait craindre qu'ils ne le soient.

La Tunisie est à portée de l'Italie : s'il faut plus de trente heures à un paquebot de vitesse, pour aller de Marseille à Tunis, il n'en faut que dix pour y aller de Palerme. De la Spezia, de

Naples et de Tarente, on va plus vite à Tunis que de Toulon ou d'Alger.

Quand deux peuples doivent se mesurer hors de leur territoire et se battre en pays neutre, il importe beaucoup d'arriver premier, d'être à portée pour ravitailler les troupes, approvisionner le matériel.

Or, non seulement les côtes de Sicile sont, de beaucoup, plus rapprochées de la Tunisie que ne le sont les côtes de France ; mais, au milieu du canal de Sicile, l'Italie possède une île, l'île de *Pantellaria*, appelée, peut-être, à jouer un grand rôle dans des luttes modernes que se livreront les nations d'Europe dans la Méditerrannée.

Qu'est-ce que Pantellaria ? Le moment est venu de prévenir le lecteur que, des combinaisons stratégiques dont nous allons parler, nous parlerons en ignorant. Nous n'apprendrons rien et n'avons pas la prétention de rien apprendre aux gens de guerre. Nous nous adressons au lecteur bénévole, lui parlons un langage simple, dépouillé de termes techniques, savants, et l'entretenons de choses qui, peut-être l'intéresseront.

Pantellaria est peu connue en France [1]. A la

___

[1] Quand nous vint l'idée de connaître Pantellaria, nous allâmes au bureau des Transatlantiques, chargé du service de la Méditerranée, demander des renseignements sur les moyens

bibliothèque de la marine, au dépôt des cartes, des renseignements précis font défaut. Une carte [1], dressée par l'état-major italien, a, depuis quelque temps, en Italie, été retirée de la vente au public ; on ne la trouve pas en France. Quelques détails au sujet de cette petite île ne seront donc pas inutiles.

On se rend à Pantellaria, de la côte d'Afrique ou de la côte d'Europe, par les paquebots de la compagnie du postal italien, Florio-Rubattino, qui font le service de Palerme à Tunis, Tripoli, Malte et Messine, et, une fois par semaine, s'arrêtent dans chaque sens, à Pantellaria. On peut, même, au lieu de s'embarquer à Palerme, aller, en chemin de fer, jusqu'à Marsala et y prendre le bateau à son passage, de façon à diminuer sensiblement la longueur du trajet par mer. Depuis la rupture du traité de navigation entre la France et l'Italie, les paquebots français ne pouvant plus faire escale dans les ports de la Sicile, les passagers, embarqués en France, doivent aller jusqu'à Malte y attendre le passage du pa-

---

de transport. Dans quelle partie du monde se trouve ce pays ? nous demanda l'employé, d'un ton plaisant. Puis, une fois renseigné : « Nos bateaux ne vont pas dans ces endroits-là. » L'office des bateaux italiens nous engagea à aller, d'abord, à Palerme. Là, seulement nous pouvions être renseignés.

[1] Carta topographica d'ell' isola di Pantellaria (*Institut géographique militaire*).

quebot Italien, ou, en sens inverse, aller à Tunis et s'y transborder.

Le trajet de Palerme à Pantellaria exige, environ, dix à douze heures ; de Marsala, ce trajet n'est que de six à sept heures. De Pantellaria au cap Bon, trois à quatre heures suffisent ; et on va de Pantellaria à La Goulette (Tunis) en cinq ou six heures.

La traversée est courte, mais peu aisée. Des récifs et des écueils de sable, de corail, de coquilles, occupent le canal de Sicile et rendent nécessaires de grandes précautions.

Le banc Esquirignis, le banc central entre l'Afrique et Pantellaria, est formé de plusieurs têtes de rochers, avec, seulement, sept à huit mètres d'eau. Les récifs de Keith sont presque à fleur d'eau et couverts de varech. Ces récifs sont dangereux parce que la mer s'y brise rarement par le beau temps et que, au contraire, quand la mer est grosse, il n'est pas possible de distinguer le brisant des récifs, du brisant des lames. Heureusement, l'eau est tellement limpide, dans ces parages, qu'on aperçoit le fond de la mer jusqu'à 30 et 36 mètres [1].

---

[1] *The mediterranean pilot* p. m. j. s. Bayot. 1876. Paris.
Revue maritime et coloniale. Durandeau ingénieur hydrographe.

Entre Pantellaria et la Sicile, se trouvent les bancs Scourgo-Talbot et l'écueil Graham dont la partie Est porte le nom de banc terrible. Ce banc exige une grande attention à cause de la violence des courants qui portent dessus [1].

C'est au milieu de ces récifs et de ces écueils que se dresse l'île Pantellaria, placée directement sur la route des bâtiments allant à Malte.

Pantellaria, Pantalaria, ou Pantelleria, la Cossyra des anciens, est située à 140 kilomètres

[1] Le commandant Swinburne, de la corvette « *Rapide* » passait en cet endroit, le 28 juin 1881, quand il ressentit les secousses d'un tremblement de terre produit, évidemment, par une éruption volcanique. Le 14 juillet, après l'éruption d'une haute colonne d'eau et de fumée, on vit s'élever, à quelques pieds au-dessus du niveau de la mer, un îlot avec une bouche de cratère vomissant des masses de vapeur, de cendres et de scories. A partir de ce jour, l'îlot augmenta rapidement de dimensions et se manifestèrent de magnifiques éruptions de cendres et de vapeurs blanches atteignant cent et trois cents mètres de hauteur. En même temps, se faisait entendre un bruit semblable à celui du tonnerre. La nuit, on apercevait, nettement, de petites colonnes de feu et des éclairs. A la fin d'août, la circonférence de l'îlot était d'environ mille mètres, et sa hauteur atteignait trente-deux à trente-cinq mètres. Diverses modifications se reproduisirent successivement, puis l'îlot s'affaissa graduellement et disparut en janvier 1832. Il avait, à cette dernière époque, 0.70 à 0,90 d'eau dessus. Des recherches ultérieures avaient fait croire à la disparition de ce danger, lorsqu'en 1840, le commandant Bonard, du Volage, reconnut, en cet endroit, un plateau d'une surface de 40 mètres, formé de scories et de sable, avec une tête ayant 4 et 6 mètres d'eau dessus. En 1841, M. Ehon et le commandant Jurien de la Gravière, de la Comète, firent les mêmes constatations (*The Mediteranean Pilot*).

Sud-Sud-Ouest de Trapani (Sicile) dont elle est une dépendance administrative, et à 76 kilomètres seulement du cap Bon (Tunisie) d'où on l'aperçoit très distinctement. par un temps clair. Elle a 46 kilomètres de tour et 103 kilomètres de superficie.

Vues de la mer, les montagnes qui la couronnent découpent sur le ciel, une silhouette nette et dure.

Le sol de l'île se compose de roches volcaniques avec des vestiges de cratère. des amas de lave, de scories et de pierre ponce. Les parties basses des montagnes sont couvertes de broussailles. On cultive, dans les vallées, l'olivier, le figuier. la vigne et des légumes.

L'île est élevée et accidentée. Vers son milieu se dresse un pic énorme (832 mètres sur les cartes anglaises. 674 sur les cartes françaises). Les flancs de ce pic vont en s'abaissant vers les extrémités de l'île. celle de l'Est étant la plus élevée.

Sur le versant Nord existe un bois de beaux arbres : châtaigniers, chênes et oliviers.

Le sommet de ce pic est un ancien cratère de 27 mètres de profondeur. transformé en lac, fermé par une enceinte de rochers. Les terres qui entourent ce cratère sont disposées en amphithéâtre d'où l'on jouit d'une vue admirable sur toute l'île et un grand espace de mer, jusqu'aux côtes d'Afrique.

Dans les ravins existent de bons pâturages; on y cultive aussi le coton. la vigne, des arbres fruitiers. Des sources d'eau thermale et minérale jaillissent en divers endroits.

L'eau douce fait défaut.

On exporte de l'île, du vin, de l'huile, du coton, du raisin, des plantes pour la teinture.

Le port fait un commerce assez actif (923 navires, 13,524 tonnes) avec l'Algérie, la Tunisie et Malte.

Des médailles trouvées dans l'île apprennent que sa marine fut, autrefois, puissante.

L'île a été occupée par les Phéniciens et les Carthaginois. Auguste y exila sa fille Julie et Néron y fit mourir Octavie, fille de Messaline. Pantellaria fut enlevée aux Arabes par Roger Ier roi de Sicile, et ravagée au xve siècle par des pirates africains. Ses habitants parlent un patois italien, fortement imprégné d'arabe[1].

La côte Nord-Est de l'île est irrégulière et ro-

[1] *Dictionnaire de géographie et d'histoire universelle* — Vivien de Saint-Martin.

cheuse, avec une échancrure dans laquelle est un banc de dix mètres, environné de grands fonds et situé à un demi-mille de terre[1]. Au fond de la baie jaillissent des sources d'eau chaude. A trois milles et demi, au Sud-Est sont les anses de Tramontana et Levante, séparées par un petit isthme, avec des fonds de 14 mètres et de 27 mètres, pouvant abriter des navires de fort tonnage.

Devant cet isthme, on voit un rocher isolé, séparé de terre par un étroit canal, avec du fond.

Après l'anse Levante, la côte qui court au Sud et au Sud-Ouest (4 milles et demi jusqu'à la pointe Limars, extrémité sud de l'île), est formée de falaises presque inaccessibles, au pied desquelles on aperçoit des rochers sous l'eau et hors de l'eau.

De la pointe Limars, la côte se dirige (2 milles et demi à l'Ouest et au Nord-Ouest) jusqu'à la pointe Rosso di Scauri. Un peu au Sud de cette pointe et à un quart de mille d'un ruisseau de lave noire, gît le banc Nica, avec 7^m,30 d'eau dessus. La pointe d'Akhlitrikili est à un mille et demi au Nord de la chute de lave et, entre les deux, est la baie ou port Scauri, ouvert au Sud-Est.

[1] Vivien de Saint-Martin.

La côte continue hachée et rocheuse jusqu'à la Cala Brabant, à deux milles et demi plus au Nord, puis elle s'incline au Nord-Est jusqu'au Campo-Santo, point Ouest de la baie de Pantellaria [1].

Toute cette partie de la côte est rocheuse et escarpée, formée de falaises inaccessibles en roche basaltique, percées de grottes à leur base. Ces grottes sont habitées par une multitude de pigeons sauvages.

Le long de cette partie de la côte existent quelques rochers au bord de l'eau ; ils s'étendent peu au large.

Deux feux signalent l'île : l'un à l'entrée de la baie de Pantellaria, l'autre, de construction récente, sur la pointe de Carrita.

La baie de Pantellaria n'a qu'un quart de mille de largeur, avec une profondeur presque égale. Sa plus grande partie est à petits fonds et encombrée de rochers dont plusieurs sont au-dessus de l'eau. Elle est ouverte au Nord-Ouest. Entre les rochers et l'anse qui est au côté Est de la baie existe un espace libre d'environ une encablure [2] d'étendue avec $5^m,50$ d'eau. Plus à l'inté-

---

[1] *The Mediterranean pilot.* Bayot.
Isola Pantellaria Società geografica Italiana.
[2] L'encablure vaut 200 mètres.

rieur est une anse presque circulaire ayant moins d'une encablure de diamètre, avec 3ᵐ,70 et 4ᵐ,10 d'eau [1] dans laquelle s'abritent les navires du pays.

Les deux anses sont séparées par un point saillant de la côte Est qui laisse, entre elles et les rochers, un passage large d'environ une demi-encablure. Les navires demandent la libre pratique dans l'anse Nord, sous la batterie San-Lorenzo. Le débarcadère de la ville est à un petit môle, à l'Est du château. Les gros bâtiments peuvent mouiller, provisoirement, en dehors de la baie, par 33 mètres d'eau [2], fond de sable.

L'île comprend cinq villages formant une seule commune dont la population est de 6,000 âmes, environ. Le chef-lieu de la commune, Oppidale ou Pantellaria, compte 3,000 habitants. Il est situé sur la rive septentrionale, au fond d'une petite baie dont l'entrée est embarrassée d'écueils, et que défendent deux redoutes et un château fort servant de prison d'Etat.

Les ruines de l'ancienne Cossyra sont sur le versant et dans la vallée, au Sud-Est de la ville. Elles n'offrent aucun intérêt.

On rencontre, dans certaines parties de l'île,

[1] *Port of Pantellaria* — Plan de l'amirauté anglaise.
[2] Carte anglaise de Wilkinson. 1887.

des édifices bizarres, anciennes habitations pro-
bablement, que les indigènes appellent Sesi.
Enormes ruches en pierres posées à joints secs.
Le rez-de-chaussée est indiqué par une retraite;
au-dessus, s'élève un étage. La pierre est le seul
élément mis en œuvre. Ces étranges constructions ont, parfois, 14 mètres de côté et 8 mètres
de haut. L'archéologue italien, Della Rosa, en
fait remonter la fondation à l'âge de pierre.

Pantellaria, dont nous venons de parler avec
tant de détails, et pour cause, est le point que
l'Italie songe à transformer, à faire servir de base
à ses opérations, si ses projets contre la Tunisie
et l'Algérie doivent, un jour, du domaine du
rêve, passer dans celui de la réalité.

L'entreprise est difficile et compliquée; mais
l'Italie la juge si importante, si nécessaire au
succès final, qu'elle y consacre tous ses efforts.
Il faut qu'après avoir servi à la conquête, Pantellaria assure la conservation des pays conquis.
Les études préliminaires ont été faites, recom-
mencées, abandonnées, reprises, et permettent
d'aborder la période de l'exécution active.

Dans cet ordre d'idées, Pantellaria deviendrait :

Un port pouvant recevoir les transports de

guerre et les torpilleurs; un lieu de relâche: un abri pour les grands cuirassés, avec un bassin de radoub (travail provisoirement ajourné);

Un lieu de rassemblement pour les troupes; un dépôt pour les approvisionnements de guerre, le matériel de campagne et les munitions;

Une forteresse, avec un arsenal, défendue au moyen de batteries installées sur les hauteurs.

Une des conditions qui rend mauvaise la traversée du canal de Sicile, est l'existence de courants et de remous qui, par certains vents, ont une grande violence et portent directement sur les écueils et les récifs. Le premier soin de l'Italie a donc été d'éclairer la route, afin de permettre de reconnaître les bancs, pendant la nuit ou les jours de brume.

Un feu existait à l'entrée de la baie de Pantellaria; un autre a été installé à la pointe Carrita; ce sont les deux points les plus avancés de la côte Est. Le feu de la pointe Carrita donne la direction du port et se reliera avec un autre en projet, à la cala Tramontana. Toute la partie de la côte regardant la Sicile sera, ainsi, signalée.

Le môle du port, prolongé, assurera la sécurité de ce port; mais comme il ne pourrait, actuellement, sans d'immenses travaux, présenter la surface et le fond nécessaires pour recevoir des bâtiments de grandes dimensions et de fort tonnage, un refuge sera établi dans la baie formée entre la cala di Tramontana et la cala di Levante, où les fonds sont de 14 à 30 mètres. Une jetée, ultérieurement établie dans les fonds de 14 mètres, fermera l'entrée de la baie abritée des vents du Midi par le massif de l'île, des vents de l'Est par la Sicile, les seuls vents à redouter sur cette partie de la côte.

La baie di Levante et di Tramontana, malgré ces améliorations, ne pourra, cependant, recevoir les grands cuirassés. Ils devront mouiller, suivant le vent régnant, soit derrière la pointe de d'Akhlitrikili, ou en avant du port de Pantellaria ; les balises sont, déjà, posées à ce dernier endroit. Mais la présence des grands cuirassés de la flotte italienne dans les eaux de Pantellaria n'est prévue qu'éventuellement, car, d'après le plan des opérations étudié par l'état-major de l'amirauté, ces cuirassés ont, pour mission, la défense des côtes [1] du continent, de la Sicile et de la Sardaigne. Tandis que les torpilleurs, auront pour tâche d'attaquer la flotte française protégeant les côtes d'Algérie et de Tunisie et pourront trouver un abri, une retraite

[1] L'Angleterre s'est, dit-on, engagée à prêter son aide à l'Italie, à cette occasion.

ignorée dans le port de Pantellaria et la cala di Levante.

Le transport des troupes se fera, soit au moyen de navires de deuxième et troisième ordre, de la marine Royale, soit au moyen de paquebots, de bâtiments de commerce, nolisés à cet effet, et parfaitement utilisables pour une telle traversée.

Permettre aux navires de tout rang et de tout tonnage d'aborder l'île, d'y trouver un abri, constitue la première partie de l'opération. La seconde a pour objet la création, dans l'île, de magasins d'approvisionnements pour la troupe, un arsenal pour le matériel de guerre, et des casernes pour les hommes. Elle a, déjà, reçu un commencement d'exécution.

Les magasins d'approvisionnements et les casernes ont leur place dans la vallée Sud-Est de la ville. Le château-prison, dont les prisonniers ont été évacués et qui subit une transformation en sert, provisoirement. Cette vallée Sud-Est est très saine, très vaste, bien aérée, et la mieux cultivée de l'île. Les logements des hommes s'y trouveront dans les conditions les plus salubres. Grâce au climat, de simples baraquements suffiront; on les élèvera sur l'emplacement même de l'ancienne Cossyra.

Une grave difficulté se présentait, dès le principe : l'alimentation du camp et de la ville. Il faut prévoir, en effet, que la transformation de l'île aura, pour effet immédiat, un accroissement de population : ouvriers, industriels, etc., sans compter la troupe. Leur existence devait être assurée dans des conditions normales. Le ravitaillement sera tiré de Sicile. Des marchés ont été préparés avec des producteurs qui fourniront, en grande quantité et à bas prix, le grain, le vin et le bétail : l'interruption des relations commerciales empêchant d'exporter ces produits en France. Les Anglais de Gibraltar se ravitaillent à Tanger, les Italiens de Pantellaria se tireront d'affaire de façon analogue.

L'eau douce manque dans l'île ; s'en procurer de bonne qualité et en abondance eût, sans une disposition naturelle des lieux, constitué une difficulté insurmontable.

Au centre de l'île, et la dominant, se dresse, avons-nous déjà dit, une montagne de 600 à 800 mètres, ancien volcan dont le cratère a été transformé en lac ; l'eau de ce lac peut, très facilement, être dirigée, dans la vallée, là où il sera nécessaire, au moyen d'une simple canalisation en tuyaux Doulton, par conséquent, sans grandes dépenses. Cette canalisation, suivant les flancs de la montagne, sera, en même temps, utilisée pour l'irrigation des cultures maraîchères à développer.

Les flancs abrupts de la montagne sont percés de cavernes et se dressent à pic sur la mer, à une hauteur infranchissable ; c'est la place des arsenaux. Abrités, adossés contre le rocher, creusés dans la masse, ils seront naturellement dissimulés. Leur établissement, dans de telles conditions, donnera lieu à des travaux relativement peu considérables.

Les défenses proprement dites, les forts défendant les approches de l'île, constituent le côté ruineux de l'entreprise. En revanche, leur emplacement sera très favorable : trois pics, dominant l'horizon, à 588^m, 696^m, 830^m d'altitude, attendent des batteries; mais il n'existe ni routes, ni chemins. Il faudra, d'abord, créer les voies d'accès. Seule, la pierre se trouvera sur place ; tous les autres matériaux seront apportés du continent et les quantités nécessaires sont considérables. Ces travaux devront être achevés dans un temps très court, car, si la plupart sont connus, arrêtés, d'autres, encore à l'étude, se modifient suivant les travaux des officiers du génie et de l'artillerie, les circonstances de chaque jour, et un moment viendra où, tout à la fois, partout en même temps, on mettra la main à l'œuvre.

En décembre 1890, le colonel Pouza di San Martino, du corps d'état-major, a fait un long séjour à Pantellaria, pour se rendre compte des mesures prises. De là, il s'est secrètement rendu à Tunis, afin d'étudier, sur place, la question des frontières de la Tunisie et de la Tripolitaine.

L'argent ne fait pas encore défaut, et il en faut encore beaucoup pour une telle entreprise; espérons qu'il manquera.

Admettons, cependant, que tout soit terminé en temps opportun. Voyons comment l'Italie s'y prendra pour tourner contre nous ce formidable engin, aussi formidable dans son genre que l'a. jadis, été Gibraltar, à l'autre bout de la Méditerranée.

Le jour de la déclaration de guerre entre la France et l'Italie, c'est là une éventualité à prévoir, il suffira de trois heures à l'Italie pour mettre à terre, sur la côte de Tunisie, ses premières troupes de débarquement. Elles peuvent atterrir, à la fois, au cap Bonet, de l'autre côté, en face, au pied du petit village arabe de Bou-Saïd, L'Italie appelle ses réserves qui, de Tarente, de Palerme, de Naples, remplissent les vides faits à Pantellaria par l'envoi des premières troupes;

elle augmente ainsi son effectif de débarquement, au fur et à mesure de ses besoins. Puis, avantage énorme, elle a gagné du temps pour opérer sa mobilisation et peut la faire sans précipitation.

Nous, nous ne pouvons dégarnir, des troupes qui les gardent, nos villes d'Algérie : une insurrection Arabe coïncidera, trop certainement, avec une attaque des Italiens contre la Tunisie. Le Maroc est en très bonne intelligence avec l'Italie ; il nous inquiétera dans le Haut-Oranais. Le conflit Franco-Italien aura, pour premier effet, de mettre en feu toute la côte d'Afrique, de Sousse à Tanger.

Nous enverrons donc à Tunis des troupes de France. Elles y arriveront vingt-sept heures après celles des Italiens, en admettant que Marseille et Toulon puissent fournir et embarquer immédiatement les contingents nécessaires. Puis, viendra la question du matériel, du ravitaillement en vivres et en nourriture, qui exigera les mêmes délais. Nous aurons là, vis-à-vis des Italiens, une infériorité marquée.

Notre frontière des Alpes est facilement gardée et ne semble pas, grâce aux nouveaux forts d'Albertville, de Modane et du Credo, nous réserver de surprises désagréables ; mais, du côté de l'Est, nous devons craindre les alliés de l'Italie, et, là, trop de précautions ne seront pas superflues, jamais rien d'excessif ne sera fait de ce côté.

Le rôle des flottes est tout tracé ; la flotte Anglaise gardera, dit-on, le côtes Italiennes de la Méditerranée, et la flotte Italienne, les côtes de l'Adriatique ; les grands cuirassés, restés libres de leurs mouvements, s'approcheraient de nos côtes de Provence. Nous aurions, ainsi, terriblement de besogne sur les bras, besogne qui n'est pas au-dessus de nos forces : nous avons, en nous couvrant de gloire, traversé de plus rudes épreuves ! C'est une raison pour voir les choses en face et regarder du bon côté, sans exagérer les ressources de l'ennemi, mais aussi sans les diminuer au gré de nos désirs.

L'année 1896, époque où prend fin le traité de l'Italie avec la Tunisie, verra se produire, au grand jour, des éventualités aussi menaçantes. Nous avons le temps de nous en garer, d'agir en conséquence. Ne nous laissons pas prendre au dépourvu.

Cette situation, à l'avenir si compliqué, avait,

paraît-il, attiré l'attention de l'un de nos derniers ministres de la marine. Il avait des idées à ce sujet: mais il est parti, les gardant dans son portefeuille.

V

Situation financière, industrielle, administrative.

Les villes transformées. — Situation de Rome et de Naples. — Les travaux exécutés. — Les travaux à exécuter. — Les expropriations. — Le plan régulateur. — La junte municipale de Rome. — La commission royale. — État des finances. — Les dettes municipales à la chambre Française. — Les taxes municipales à Rome. Dans les principales villes du royaume. La taxe moyenne par habitant. — Les faillites, leur nombre, leur passif. — Aspect des grandes villes, leur luxe. leur prospérité. — La vie moderne. — Le canal des deux mers. — Les grèves. — La crise agraire. — L'émigration. — La mendicité. — Le brigandage à Rome, en Sicile. dans les Calabres.

Cédant à un sentiment explicable, mais difficile à justifier, il nous plaît, plus volontiers, en France, d'entendre parler de l'Italie ruinée, à bout de ressources, que de l'Italie florissante et prospère.

La vérité est, comme toujours, entre les deux extrêmes.

La situation de l'Italie est difficile : le pays traverse une crise financière très grave, d'autant plus menaçante qu'elle se produit au milieu d'une transformation politique et sociale. Pour

6

en sortir à son honneur, l'Italie doit avoir
grande foi en son avenir et grande confiance en
sa force; foi et confiance que lui donnera l'u-
nion des partis politiques, oubliant leur querelle
par patriotisme. Rien ne prouve qu'elle est inca-
pable d'un tel effort.

Voir l'Italie faisant faillite, banqueroute, etc.,
l'appeler le pays du déficit [1] est donc injuste et
exagéré. Une étude facile, rapide, permet, sans
obliger à aller trop avant, au fond des choses,
de se former, sur cette grave question de prospérité ou de désastre, une opinion justifiée, d'apprécier, sans parti pris, les détracteurs intransi-
geants de la nation « sœur ».

Toutes les grandes villes d'Italie ont, depuis
trente et vingt ans, été transformées [2]. Insuffi-
santes pour la population qui accourait dans leur
enceinte, elles ont dû s'agrandir. De nouveaux
besoins se sont brusquement manifestés, conséquences du nouvel ordre de choses, exigences
d'une nouvelle organisation nationale. Ce ne
sont pas seulement des maisons qui ont été re-
connues nécessaires : les monuments publics de

[1] *Le pays du déficit*, par Neukom, chez Kolb, Paris, 1890.
L'injustice des appréciations, le parti pris d'être malveillant,
ôtent, malheureusement, à cet ouvrage, beaucoup de son intérêt.

[2] *L'Italie des Italiens.*

tout ordre manquaient. On a dû construire des
écoles, des marchés, des mairies, des tribunaux.

On ne peut refuser à l'Italie le droit de devenir une nation, a souvent répété Crispi; et ce
droit, une fois admis, on ne tient pas assez
compte du travail énorme qui en a été la conséquence, des difficultés de tout genre, matérielles
et morales, qu'il a fallu vaincre pour faire un
tout de cette patrie, divisée en tant de royaumes
et de duchés.

Les travaux publics, la construction des habitations, répondaient au besoin le plus urgent;
c'est par là qu'on a commencé et on les a achevés
avec une hâte extrême. Leur exécution s'en est
ressentie : elle est mauvaise, sous bien des rapports. La durée de tant d'édifices sera limitée.
Ils forment un étrange contraste à côté des monuments de la vieille Rome, des monuments
de la Rome des Papes! C'était une conséquence
forcée, facile à prévoir. Il fallait faire vite et à
bas prix, deux mauvaises conditions pour faire
bien.

Il n'a pas seulement fallu bâtir en bordure des
voies publiques tracées en plein champ, il a fallu
ouvrir des voies nouvelles dans les anciens quartiers, assainir ceux-ci, les mettre en communication avec les nouveaux. Cette dernière opé-

ration était plus coûteuse, encore, que la première.

On reproche vivement aux municipalités italiennes une hâte trop grande; leur lenteur eût été, bien autrement, blâmée.

Si une nouvelle épidémie avait atteint Naples avant que la ville fût assainie, arrosée et aérée, quel tollé général se fût élevé contre l'incurie administrative, non seulement en Italie, mais en Europe.

Après les créations de voies nouvelles, après les constructions, sont venus les services des égouts, des moyens de transport : il est, ici, question des seuls travaux municipaux, de ceux ayant donné lieu à la crise actuelle. Les travaux dits travaux publics, c'est-à-dire ceux exécutés directement par l'Etat, avec des ressources propres, se présentent dans des conditions normales, sans, pour cela, être achevés, tant s'en faut.

Turin, Milan, Gênes, Venise, Florence[1], Palerme, sont sortis d'embarras. Il n'en est malheureusement pas de même à Naples et à Rome, et dans ces deux villes, le krack, mot aussi vilain que la chose, sévit avec une inquiétante intensité.

---

[1] Le budget de Florence se solde, pour 1890, par un excédent de 700.000 francs.

A Naples, la grande voie, reliant le palais Royal au Municipe, est percée, mais les maisons élevées en bordure restent inachevées. La galerie Humbert, destinée à rivaliser avec la galerie Victor-Emmanuel de Milan, est dans le même cas : les travaux sont suspendus, depuis plusieurs mois. On les avait repris dans le courant de 1890 espérant pouvoir les terminer au moment de la venue du roi, en septembre. Reconnaissant la chose impossible, on y a renoncé et, de nouveau, tout a été arrêté. Le quartier de Santa-Lucia devait être démoli, il est encore debout et ne semble pas près de disparaître. La distribution des eaux fonctionne d'une façon incomplète. Le réseau des égouts est à peine commencé. Les voies publiques qui desservent les nouveaux quartiers, au-dessus de la Chiaja, ne sont encore ni pavées, ni éclairées.

Les sociétés financières, créatrices et soutien de ces entreprises, ont dû liquider. D'autres sociétés sont en formation ; elles prendront la suite des affaires abandonnées et profiteront du désastre de leurs devancières. La ruine des premières assurera la prospérité des secondes.

A Rome, la situation est moins grave ; elle exige quelque détails.

Rome est la capitale du royaume ; la crise

qu'elle traverse est le résultat de cette situation ;
l'État, par suite, a dû lui venir en aide.

Rome a emprunté en 1870.   50.000.000 fr.
Rome a emprunté en 1881-1883. . . . . . .   150.000.000 fr.
L'État lui a accordé une subvention de 50.000.000 fr.
dont moitié, seulement, a été versée. . . . . .   25.000.000 fr.

Total . . . . .   225.000.000 fr.

Avec ces ressources, la ville a dû faire face
aux dépenses extraordinaires nécessaires, pour
construire :

Des casernes de carabiniers et de fantassins :

Un hôpital militaire ;

Un polyclinique ;

Un palais de justice ;

Acquérir le palais des sciences ;

Créer une place d'armes ;

Créer le polygone de l'artillerie ;

Enfin, percer les voies publiques conduisant à
ces divers établissements ; ouvrir la rue Cavour ;
la rue du Statut, agrandir la place Colonna,
construire les quais et les deux ponts du Tibre.

On ne pourra reprocher à l'administration

romaine, d'avoir gaspillé ses ressources et de ne pas en avoir eu pour son argent. Afin de comprendre comment avec une somme relativement peu élevée, il a été possible de faire face à d'aussi importants travaux parmi lesquels figure l'ouverture de voies nouvelles à travers des quartiers bâtis, le Ghetto, par exemple, il faut, d'abord, remarquer que cette dernière partie des travaux est loin d'être achevée, qu'ensuite, une disposition spéciale de la loi italienne sur les expropriations, permet d'éviter les exagérations de dépenses auxquelles nous sommes entraînés, à ce sujet, en France, à Paris, surtout.

En France, quand un immeuble se trouve atteint par le tracé d'un plan d'alignement approuvé par decret d'utilité publique, il est, de ce fait seul, dégagé des obligations de voirie. L'expropriant, Ville, État, ou administration publique, doit l'acquérir de suite ou laisser, à son propriétaire, la latidude de le transformer, d'en augmenter la valeur, à son gré. Celui-ci en use et en abuse, même, le plus souvent ; en sorte qu'au jour de l'expropriation, la valeur dudit immeuble s'est augmentée et dépasse les prévisions.

En Italie, la disposition contraire est appliquée: un bâtiment « frappé par le plan régulateur » ne peut plus être amélioré, ni consolidé, jus-

qu'au moment où l'administration juge à propos
de mettre son projet à exécution. Les bâtiments
placés dans de telles conditions, subissent une
énorme dépréciation, la vente en devient impossible et les propriétaires ont hâte d'accepter les
offres des administrations.

En France, un immeuble, frappé d'expropriations, augmente de valeur; en Italie, il en
perd.

Cette loi est anti-libérale ; elle sacrifie l'intérêt
particulier à l'intérêt général ; par suite elle
permet aux opérations de voirie d'être beaucoup
moins onéreuses.

Malgré ces conditions favorables, les opérations
de cette nature, récemment entreprises, sont
restées inachevées, et certains quartiers de Rome
ont un aspect de ruine et de dévastation qui
rappelle celui que Paris a offert, si longtemps,
sous le second empire.

Les maisons particulières, nous l'avons déjà
dit, ont été élevées en trop grand nombre et
et avec trop de hâte : beaucoup sont inoccupées ;
d'autres n'offrent pas des conditions de durée
satisfaisantes.

Tout est à faire, à Rome, en ce qui concerne
l'éclairage, le service des eaux et égouts, la
police urbaine, les voix publiques, etc... c'est vrai :

mais il faudra cinquante ans, peut-être, pour que la transformation de Rome soit complète, si jamais elle l'est. Fallait-il mettre plus de hâte à cette transformation ? On reproche déjà, à l'administration actuelle d'en avoir trop fait en vingt ans. Que serait-ce si elle avait fait davantage, et dans quelles complications n'aurait-elle pas été entraînée ?

La junte municipale, ne pouvant ni continuer les travaux commencés, ni assurer le paiement de ceux en cours, s'est retirée effrayée des difficultés de la situation, laquelle peut se résumer ainsi : nécessité d'achever les travaux, impossibilité de les payer. Elle a adressé, au gouvernement, une déclaration par laquelle elle constatait, avec assez de raison, que la déplorable situation financière de Rome était due à son rang de capitale ; que la nécessité de soutenir ce rang l'avait entraînée à « faire grand » ; que, par conséquent, le trésor public devait venir à son aide et supporter une large part des dépenses faites dans l'intérêt de la nation entière.

Le trésor public se trouva fort empêché, et pour cause, de répondre à cette mise en demeure.

Cléricaux et réactionnaires poussèrent des cris d'allégresse : le voilà donc, enfin, venu le moment prévu et annoncé ! Rome était perdue ruinée : la ville allait « faire faillite » mot vide de sens et sans portée en telle circonstance.

De si fâcheux pronostics ne se sont pas réalisés. Le gouvernement céda à la pression de l'opinion publique, étudia la question, créa des ressources, on en trouve toujours, en pareil cas. Un commissaire administrateur a remplacé le syndic ; une commission administrative a remplacé la junte : le parlement a voté une loi en vertu de laquelle l'état vient en aide à la ville, capitale du royaume.

L'Etat achève les travaux des quais et des ponts du Tibre, ceux des édifices d'utilité générale : il continue le percement des grandes voies : Cavour et du Statut.

Il exonère la ville de sa participation dans ces grands travaux : 1.300.000 francs,

Il prend, sous sa direction, les établissements de bienfaisance dont il réunit les revenus, de façon à éviter, par exemple, que l'hôpital San-Spirito soit trop richement doté, et que le Polyclinique ne le soit pas du tout.

Il décharge la ville de sa part contributive dans les frais d'assistance publique, 1,600.000 fr.

Il assure l'amortissement de l'emprunt de 200,000,000, 1870-1881-1883.

Il prend, à son compte, l'administration de

l'octroi et garantit, de ce chef, à la ville, un revenu de 12,000,000.

Les affaires, ainsi arrangées, reprirent un cours normal et régulier.

Et le Tibre continua, comme devant, à couler au pied du tombeau d'Adrien.

Un député disait, il n'y a pas longtemps, à la tribune de notre Chambre [1], en parlant de la transformation d'une ville : « On a bâti sans « compter ; les maisons, une fois bâties, n'ont « pas trouvé d'habitants ; un krack lamentable « s'en est suivi. Les maisons entièrement « vides sont au nombre de 6110, celles en par- « tie vacantes sont au nombre de 4032, sur un « total de 54000 [2]. »

De quelle ville s'agissait-il ? D'une ville italienne ? Non, il s'agissait d'une ville française, de Nice. Nous ne nous sommes pas émus pour si peu. Nous n'avons parlé ni de désastres, ni de ruine, ni de faillite ! L'importance des villes est bien différente, déclarera-t-on. Pas aussi différente qu'on pourrait le croire. La population de Rome était, en 1870, époque où a commencé sa

[1] Séance du 12 juillet 18 novembre 1890.

[2] A Paris, sur 145.000 maisons, 6.558, seulement, sont vacantes.

transformation, de 170,000 habitants, et celle de Nice dépasse 80,000.

Nous avons oublié le terrible krack des constructions à Paris, à la fin de l'Empire quand, au 31 décembre 1869, les chantiers de la Ville furent, d'un coup, à l'improviste, tous à la fois. brusquement arrêtés. Nous avons oublié les millions employés à la première partie de l'œuvre de transformation de Paris; nous en profitons, semblant ignorer les difficultés premières et administratives qu'il a fallu vaincre, plus tard, pour ramener l'ordre dans les caisses et les remplir.

Quelques chiffres permettront, maintenant, de se rendre compte de la situation financière de Rome, de ses ressources et des moyens dont elle pourra disposer pour faire face à ses engagements.

En 1879, Rome payait 11,571,729 fr. 50 de taxes diverses de toute nature.

En 1890, elle paie, pour les mêmes causes, 24,440,502 fr. 50

Soit treize millions d'augmentation en onze ans.

Augmentation causée par l'accroissement prodigieux de la population de la ville, le développement de son commerce, l'extension de ses affaires industrielles.

Si, maintenant, on compare, entre elles, les taxes municipales payées par les principales villes du Royaume, on voit que chacune paie :

Rome.	17,952.381 francs
Naples.	14.925,049 —
Milan	11.990,170 —
Gênes.	8,877,292 —
Turin	8,367,974 —
Florence	7,600,783 —
Venise	3,993.100 —

C'est là une preuve de la prospérité croissante qu'a suivie Rome jusqu'au moment du krack, puisque l'élévation du salaire des ouvriers, les bénéfices commerciaux et industriels réalisés par ses habitants, lui ont permis de supporter ces énormes charges fiscales [1].

Ainsi, comme charge moyenne, par habitant :

Rome supporte	59 fr. 77
Gênes.	48 — 89
Florence	44 — 97
Milan.	37 — 25
Naples	33 — 06
Turin	30 — 19
Venise	22 — 20

[1] « Il ne faut pas combler le déficit actuel en en créant un nouveau, et si, déjà, il nous est permis de dire que le défi-

D'où il suit que Venise est la ville du Royaume
où la vie est moins chère, où les impôts sont
moins lourds.

Vient à son tour la question des faillites. Elles
ont, en éclatant, il y a peu de temps, effrayé le
monde financier, ébranlé le crédit de l'Italie.
Nous ne les expliquerons pas, nous ne les justi-
fierons pas, nous contentant d'en indiquer le
nombre, de préciser le chiffre auquel elles se
sont élevées [1]. Le lecteur jugera lui-même [2] :

1886	1310	dans tout le Royaume
1887	1623	—
1888	2233	—
1889	2180	—

Voici l'état de répartition de ces faillites, par

« cit de l'exercice 1891-1892 sera moindre que celui de l'exer-
« cice 1890-1891, celui des exercices suivants devra encore di-
« minuer, par suite des économies réalisées sur les dépenses
« des services publics. » Crispi à Turin, 1890.

[1] « Nous sommes malades, financièrement parlant, me di-
« sait, hier, un des adversaires les plus résolus du gouverne-
« ment; mais il s'en faut que nous soyons en danger de mort.
« Nous nous sommes trouvés beaucoup plus bas que cela et
« cependant, on s'est tiré d'affaire. A l'étranger, on est porté à
« s'exagérer le mal. Le jour où il le faudrait absolument, la
« raison patriotique serait assez puisssante pour amener la
« nation à s'imposer de nouveaux sacrifices, à accepter de nou-
« velles charges. » *Figaro* à Rome 23 janvier 1890.

[2] *Statistique de l'agriculture et du commerce.* Irénée Blanc-

ville, avec l'indication de leur passif [1] d'après le tableau établi pour l'année 1888, la dernière année à propos de laquelle des renseignements précis aient été fournis.

NOMS DES VILLES	NOMBRE DES FAILLITES	MONTANT DU PASSIF
Milan.	286	17.000.000
Rome.	274	78.000.000
Naples	269	23.000.000
Turin.	145	17.000.000
Bari	118	14.000.000
Palerme.	60	1.500.000
Gênes.	187	7.000.000
Catane	79	3.000.000
Florence	177	5.000.000
Alexandrie	65	4.000.000
Diverses villes de moindre importance . . .	573	27.000.000
TOTAUX	2.233	196.500.000

Soit, en chiffres ronds, deux cents millions. Voilà le total de toutes ces faillites qui devaient avoir, pour conséquence assurée, la ruine irrémédiable du crédit national.

L'étranger, le simple voyageur, peut, dans ses promenades, sans être obligé d'aller au fond des

---

[1] *Statistique de l'agriculture et du commecc.* Irénée Blanc.

choses, se faire une idée superficielle de la situation industrielle et commerciale des villes qu'il traverse, de leur prospérité ou de leur décadence. Il n'a qu'à regarder autour de lui : A Rome, Milan, Turin, Gênes, Naples, Palerme, dans toutes les grandes villes, il verra de riches magasins remplis d'articles de luxe, et, qui mieux est, pleins de clients.

De somptueux hôtels installés avec toutes les ressources du confort moderne, remplacent, partout, les horribles auberges d'autrefois.

A Rome, un immense bazar, genre « Bon Marché », construit avec luxe, parfaitement achalandé, vient d'être installé sur le prolongement de la place Colonna, à l'angle du Corso. Un autre bazar d'égale importance « Aux Villes d'I- talie » est exploité à Milan par les frères Boc- coni.

La lumière électrique s'installe sur la voie publique, comme à l'intérieur des grands établissements.

Les boutiques de librairie se multiplient, signe du développement de l'instruction, du désir d'apprendre.

Dans les promenades publiques, de riches attelages, des femmes en élégantes toilettes ; partout, enfin, le travail et l'activité.

Au mois de Mai, de grandes fêtes ont lieu à Rome et à Milan ; c'est une époque de réjouissances générales. Toutes les classes sociales y prennent part. D'immenses affiches allégoriques enluminées, les annoncent longtemps à l'avance. Ces fêtes semblent destinées à remplacer celles du carnaval qui perd de son intérêt et, dans certaines villes, passe presque inaperçu.

Les fêtes de Mai comprennent des courses de chevaux. Le total des prix décernés s'élève à 150,000 francs à Rome, à 120,000 francs à Milan. La valeur du grand prix est de 100,000 francs,

Plus tard, quand arrive l'époque des chaleurs, toutes les plages de la mer Adriatique et de la mer Méditerranée, toutes les stations balnéaires des Apennins regorgent de baigneurs et de touristes.

Dans un autre ordre d'idées, on voit le matériel des chemins de fer s'améliorer, non pas seulement, comme chez nous, à l'avantage d'une classe privilégiée, pour laquelle on crée des trains de luxe, mais au profit des voyageurs modestes, ceux des troisième et deuxième classes, dont les wagons sont munis de privés, de cabinets de toilette.

Les paquebots de la compagnie *Florio-Rubattino* rivalisent avec ceux de nos messageries et de nos transatlantiques, au point de vue de la marche et du confort. Un service hebdomadaire de paquebots à vapeur vient d'être créé et fonctionne régulièrement entre Londres, Naples et Palerme.

Sont-ce là les indices d'un peuple en décadence, d'une société qui court à sa ruine? Ne sont-ce pas là, au contraire, les signes auxquels on reconnaît une nation qui améliore, par le travail, ses conditions sociales, et surmonte les difficultés d'une organisation nouvelle?

Enfin, l'Italie se sent tant de courage, de vie, et de ressources qu'elle se prépare à exécuter un des grands travaux du siècle. Avoir, naguère, percé la moitié des Alpes ne lui suffit pas, elle songe à percer les Apennins de part en part, à creuser un canal qui traverserait l'Italie, allant de *Montalto di Castro* près *Civita*, sur la Méditerranée, aux environs de *Fano*, sur l'Adriatique[1].

Ce canal aurait 220 kilomètres de longueur totale, 80 mètres de largeur et 12 mètres de profondeur. Les plus gros navires pourraient l'utiliser et éviter ainsi l'énorme détour du détroit de Messine.

---

[1] Vittorio Bocca ingénieur.

L'exécution de ce canal permettrait le dessè-
chement des lacs de Trasimène, de Bolsena, de
Chiusi et de Monte-Pulciano, assurant ainsi la
salubrité de contrées actuellement inhabitables,
mauvaises à l'homme.

La dépense totale ne s'élèverait qu'à six cents
millions, et la durée du travail n'excéderait pas
six ans.

Si les amis de l'Italie voient son avenir sous
de riantes couleurs, ils n'en doivent pas moins
reconnaître, de bonne foi, que sa situation intérieure présente de graves complications : la crise
ouvrière, le brigandage et l'émigration:

La crise ouvrière est celle dont souffrent tous
les états d'Europe indistinctivement; elle se
traduit, en Italie comme partout ailleurs, par des
grèves. Les plus terribles sont celles des ouvriers employés aux mines de soufre du midi de
la Sicile. L'impressionnabilité, la violence du caractère national ont aggravé le mal. Les misé-
rables qui endurent toutes les privations, qu'ac-
cable un excès de travail, n'écoutent pas volontiers
les raisonnements, les appels à la patience. Ils
sentent qu'ils souffrent, qu'ils manquent de tout,
ils se révoltent, et le sang ne tarde pas à couler.

Nos grèves de France, marquées par moins de violence, sont plus graves dans leurs conséquences, au point de vue du mouvement social.

Ces grèves périodiques, se produisant presque à époques fixes, sont un progrès ou un mal des sociétés modernes : patrons et ouvriers en souffrent, en Italie comme ailleurs;

La crise agraire, au contraire, est spéciale à l'Italie.

Les grands propriétaires se refusent à affermer leurs biens à des conditions permettant au paysan de trouver, dans son travail, un salaire rémunérateur. Pris entre la nécessité de vivre et l'avidité du propriétaire, le paysan délaisse le travail de la terre et va gagner son pain dans les villes.

Le propriétaire se voit contraint à modifier son mode de culture; il remplace partout les champs par des prairies qui exigent une main d'œuvre moins importante et donne un revenu plus sûr et plus fixe.

Le paysan, chassé de la ville par la cessation des travaux, revient aux champs : il se fait « brigand », ou part pour l'Amérique du Sud en qualité d'émigrant. Les ouvriers de corps d'état, n'ayant pas d'ouvrage, par suite de l'interrup-

des travaux, quittent l'Italie et viennent en France.

Il n'a pas été possible d'établir la statistique des troupes de « brigands » actuellement en exercice ; c'est un effectif éminemment variable dont le recrutement ne se fait pas au grand jour.

Pour les émigrants [1], il n'en est pas de même, leur nombre s'est élevé, pour ces dernières années :

1886	167.829.
1887	215,665.
1888	290.936.
1889	262,412.
1890	290,731.

Après s'être abaissé en 1889, il tendrait donc à se relever depuis 1890, par suite de l'interruption des travaux de Rome et de Naples, et des grèves de Sicile.

Les émigrants proviennent, en majorité, des provinces de Ligurie ; de Cozenza, de Potenza dans les Calabres ; de Salerne dans le Napolitain.

A Rome, au lieu d'émigration, s'est produit un mouvement d'immigration considérable.

Les agriculteurs, hommes et femmes, forment

[1] *Statistique du commerce et de l'industrie.* Irénée Blanc.

7.

la majorité des émigrants. Presque tous se rendent en Amérique.

Les manœuvres, les artisans, tous ceux qui ont un métier entre les mains, restent en Europe et trouvent du travail dans les chantiers des grands travaux publics. Ils sont durs à la peine, travaillent courageusement et se contentent d'un modique salaire ; aussi font-ils, aux ouvriers nationaux, une redoutable concurrence.

Une véritable plaie de l'Italie est la mendicité. En aucun pays d'Europe, si ce n'est en Irlande, elle n'atteint un tel développement.

L'Italien, l'habitant du pays, échappe aux obsessions de tous ces malheureux qui le reconnaissent et savent que sa main reste dans sa poche. Mais l'étranger est harcelé de toutes façons : dès qu'il met le pied dans la rue, une bande le guette, le poursuit, ne le quitte pas. Il a beau donner, il ne satisfait jamais. Les mendiants se renouvellent, se font signe, accourent de loin ; impossible de leur échapper.

Si on se plaint à un Italien, il vous taxe d'exagération ; en cela, il est de bonne foi, il ne voit pas cette persécution ; la verrait-il, du reste, il n'en conviendrait pas : l'étranger, seul en est victime, que lui importe !

Les brigands des Abruzzes et des Calabres, dont les hauts faits étaient passés à l'état de légende, sont en train de reprendre place dans la vie réelle. Ils sont d'une rencontre moins agréable que ne l'a été, jadis, celle de leurs confrères, dans tant de romans et d'opéras-comiques Français.

Les bandes de brigands sont rares. Le brigand moderne diffère de celui du temps passé en ce que, au lieu d'être fier de son métier, d'en étaler le costume et les armes, il se dissimule, le plus souvent, sous l'apparence d'un pauvre diable, paysan ou mendiant. Il agit seul, comme un vulgaire voleur de grands chemins et se réunit à des confrères, seulement quand les circonstances ou son intérêt l'exigent.

Les bandes recrutées par un chef dont elles reconnaissaient l'autorité, n'existent plus guère que dans les Calabres et en Sicile et, encore, à l'état d'exception. Mais, en général, dans les grands espaces, là où les habitations sont rares, les chemins difficiles, les routes peu fréquentées, chaque paysan est un brigand ou, ce qui est plus juste, un coquin prêt à tout. Il cache son fusil sous un buisson, dans un fossé, et, à l'approche d'une bonne occasion envoyée par la Providence: voyageur isolé, propriétaire des environs, collecteur de taxes, il se montre au moment opportun et suffit seul à la besogne. S'il croit un aide nécessaire, il appelle, au moyen d'un signal, les camarades dispersés, comme lui, dans la montagne.

Pas de délation à craindre. Qui oserait se plaindre? Les parents, les amis, les complices, se chargeraient de punir le traître. La peine est une balle ou un coup de couteau, un soir, au bon moment, loin de tout secours, *accidente*, de façon que la victime ne puisse recevoir l'assistance d'un prêtre et aille sûrement « en enfer ».

L'année dernière, 1890, ont été jugés, aux assises de Velletri, les brigands d'Artona, cet étrange pays dont tous les habitants avaient formé une association dans le but de tuer et de voler, comme, ailleurs, on s'associe pour travailler et s'entr'aider. Le syndic, le préteur eux-mêmes, faisaient partie de la bande. Le nombre des crimes, et les détails avec lesquels ces crimes furent commis, exigeraient trop de développements. On peut, seulement, rappeler que, de 1852 à 1872, en vingt ans, sur une population de 5000 habitants, on a compté 42 homicides, 66 actes de violence, 184 coups de couteau, 116 vols et 200 délits [1].

---

[1] *La Tribuna*, 5 mai 1890.

Le dernier exploit de la bande a été la prise à
main armée, la nuit, de la station du chemin de
fer. Une fois les portes enfoncées, les employés
tués, la caisse fut ouverte et pillée. Mais, cette
fois, les carabiniers arrivèrent à temps, non pour
empêcher le crime, mais pour saisir les coupa-
bles. Ceux-ci furent arrêtés, jugés. Le procès
dura trois mois. Le secret de l'association fut
découvert au cours de l'instruction.

Viterbe, autrefois, jouissait, au point de vue
de la sécurité publique, de la plus triste réputa-
tion[1] ; elle l'avait perdue, mais elle est, actuellement, en train de la reconquérir.

Dans la soirée du 19 août 1890, deux hommes,
l'oncle et le neveu, rentraient de la campagne
à la ville, quand, à quelques pas de la grande
route, des assassins les assaillent et le neveu
tombe percé de deux balles.

Le 14 août, une autre attaque du même genre
avait eu lieu à Canepina ; une autre près de Saria-
no. une troisième, enfin. entre Viterbe et Vetralla.

Tibursi,. une illustration dans son genre, se
tient aux portes de Viterbe et menace la vie des
passants. Le gouvernement a, vainement. offert
10.000 fr. à qui le livrerait.

[1] *L'Italie des Italiens.*

Des malfaiteurs armés attendent les voyageurs aux portes de Viterbe [1].

Et Viterbe est près de Rome! Les habitants ont été, non seulement autorisés par le gouvernement, mais invités à s'armer et à se défendre.

Récompense honnête fut promise à qui livrerait le brigand. Un paysan d'Ischia di Castro indiqua, aux carabiniers, l'endroit où Tibursi passait souvent la nuit. Ils s'y rendirent et trouvèrent... le cadavre du délateur pendu à la porte du réduit. La justice des brigands avait devancé celle du Roi.

Aussi les histoires de brigands, après être passées de mode, sont-elles, de nouveau, en faveur.

Au mois d'avril 1890, nous revenions de Palerme, en traversant la Calabre. Le train s'arrêta à Potenza à sept heures du matin. Au buffet, arrivé par un train précédent, se trouvait un personnage encombrant, auprès duquel s'empressait tout le personnel. Quand il fallut partir, ledit personnage monta dans notre compartiment et dérangea notre installation. Voyant notre méchante humeur, il s'excusa : il n'allait

[1] *La Tribuna.* 22 août 1890).

pas loin, descendrait à une prochaine station, et, bien vite familier, se mit à causer, nous offrant de partager ses provisions de voyage. Le buffet n'avait pu nous offrir que des œufs durs : c'était un vendredi. Il arrive de Milan, dit-il, les affaires qui l'y avaient appelé se sont bien terminées. Il nous montre deux vases en cristal, montés en cuivre doré, d'apparence commune qu'il rapporte pour sa femme : il est marié depuis six mois.

— Vous êtes content de rentrer chez vous?

— Cosi, cosi, et il accompagne son mot d'un geste expressif de la main droite particulier aux Italiens de basse condition.

Il s'exprimait en dialecte du pays ; sa prononciation était rude et brève, et ses phrases n'étaient pas toujours aisées à comprendre. Il se complaisait à parler, à décrire les pays traversés, et le temps passait. Reconnaissant qu'il approchait, il ouvrit sa valise, en tira une ceinture de cuir, l'attacha à ses reins, y suspendit un long couteau et deux revolvers, un de chaque côté.

Etonné de ce manège, nous prenons, à notre tour, notre revolver, en vérifions les cartouches et le plaçons sur la banquette, à notre portée.

Notre homme se mit à rire.

— Soyez sans crainte. Je vais descendre et je prends mes précautions, j'ai la montagne à traverser.

— La campagne n'est donc pas sûre?

— Pas trop. Je ne me hasarderais pas à rentrer chez moi sans escorte.

— Oh! la voilà votre escorte. Nous désignons deux carabiniers longeant, en ce moment, la voie.

— Non pas. Et il rit de plus belle.

Le train s'arrêtait. Notre homme mit la tête à la portière, nous montra, sur le quai, une femme, grande, assez laide, malpropre, aux cheveux coupés, plaqués sur le front. Elle tenait par la main une enfant de six à huit ans, et était accompagnée d'un vieux, à la moustache grise, enveloppé d'un manteau de drap vert, avec un chapeau pointu sur la tête.

— Ma femme, ma fille, mon beau-père, fit-il.

Il nous sembla, à en juger par l'apparence, que notre compagnon, marié depuis six mois, devait avoir pris des arrhes sur les félicités conjugales.

Il s'éloignait déjà, quand, revenant sur ses pas, il soulève son chapeau, nous tend les mains, et, souriant :

— Petrucelli, signor; zervitour.

Il monta en voiture avec sa famille et partit suivi de quatre ou cinq paysans à cheval, enveloppés dans leur manteau, un grand fusil en bandoulière.

Dans les Calabres, tous les paysans sont armés, ont des airs peu rassurants. On n'en voit jamais un marcher sans son fusil. Cette escorte, cet appareil guerrier, n'était donc pas pour nous étonner.

Le train avait un moment d'arrêt. Nous en profitons pour descendre et lions conversation avec le chef de gare.

— La campagne n'est donc pas sûre?

— Pas trop. Cependant, ces jours-ci, les carabiniers sont dans la montagne. Vous pouvez y aller, si vous voulez; pas de danger en ce moment, soyez sans crainte.

— Mais le voyageur qui s'en va là-bas me disait ne pas vouloir rentrer chez lui sans être armé et escorté ; il redoutait quelque mauvaise rencontre, il porte poignard, revolver, tout un arsenal à sa ceinture.

— Vous n'êtes pas dans son cas. Ce qui rend la campagne peu sûre pour lui, la rend sûre pour vous.

— Parce que?

— Parce que vous craignez les brigands et que lui craint, au contraire, les carabiniers.

— Alors, ce gaillard-là...

— Est Petrucelli, le malandrin !

VI

Traité de commerce.

Le traité qui, depuis le 3 novembre 1881, réglait les relations commerciales entre la France et l'Italie, venait à échéance en 1887. Dès 1886 les deux puissances entamèrent la discussion des clauses du nouveau traité et jetèrent les bases de l'accord devant intervenir entre elles.

A ce moment, l'Italie eut connaissance de l'engagement pris par le gouvernement Français de dénoncer, avant le délai fixé, le traité de commerce qui le liait à l'Italie. Elle prit les devants et, le 16 décembre 1886, au cours de la discussion qui avait lieu, à la Chambre des députés, à ce sujet, le ministre des affaires étrangères apporta la nouvelle de la dénonciation du traité par l'Italie. En réalité, l'Italie a dénoncé la première; mais elle connaissait, à n'en pouvoir douter, les dispositions de la France[1].

Le public français s'est, au début, peu inquiété des conséquences que pouvait avoir, pour le commerce national, cette rupture de relations commerciales avec l'Italie. Il ne pouvait les prévoir. « Nous ne mangerons plus de mortadelle de Bologne, » déclarèrent les journaux, et chacun de rire. Puis l'attention s'éveilla; l'inquiétude commença, quand on vit avec quelle aisance l'Italie acceptait la responsabilité de la rupture. C'était, semblait-il, une marque de dédain; elle nous fut sensible. Nous avions cru, par notre menace, amener facilement l'Italie à composition; le résultat contraire nous blessait et nous vexait.

De son côté, l'Italie avait cédé à un mouvement vaniteux, irréfléchi; elle n'en avait suffisamment calculé ni la portée, ni les inconvé-

---

[1] Séance du Sénat du 16 décembre 1887 : discours de M. Flourens, ministre des affaires étrangères :

« En fait, le gouvernement italien a notifié la dénonciation, mais la question avait été portée à la tribune de la Chambre des députés et à celle du sénat. Le président du conseil avait dû prendre l'engagement de procéder à la dénonciation du traité de commerce, si cette dénonciation ne nous était pas notifiée, par l'Italie, avant le délai prévu. »

nients, dont le moindre fut de l'obliger, un peu plus tard, à entrer dans la voie des concessions.

Des négociations furent entamées. Des délégués des deux nations se réunirent à Rome et discutèrent du 31 décembre 1887 au 2 février 1888. On parla beaucoup des deux côtés; on le prit de haut: les esprits étaient peu disposés aux concessions : l'époque de la rupture des relations se trouvait encore trop rapprochée : et aucune solution ne put être donnée à l'état de choses.

Ce que voyant, le gouvernement Français, mécontent d'une résistance à laquelle il ne s'attendait pas, fit, le 27 avril 1888, voter par le Parlement une loi devant recevoir son effet le 1er mars, aux termes de laquelle un certain nombre de produits Italiens seraient frappés d'un droit différentiel, c'est-à-dire supérieur à celui du tarif général des douanes Françaises.

L'Italie ne voulut pas être en reste et, bien vite, sans tarder, vota, de son côté, l'application des droits différentiels applicables seulement aux produits Français et supérieurs aux droits imposés aux produits des autres pays.

Le gouvernement Italien avait eu les premiers torts; il fut le premier à revenir à de bons sentiments, s'avisant, un peu tard, des pertes que causait au pays la rupture des relations commerciales avec la France. Il supprima le 1er janvier 1890, les tarifs différentiels, pensant être suivi, dans cette voie, par la France.

La France ne l'imita pas, elle bouda, et maintint son tarif différentiel, faisant entendre qu'elle consentirait à l'abolir dans le cas seul où l'Italie cesserait de faire partie de la triple alliance, se séparerait de l'Allemagne.

C'était là sortir de la question, confondre la politique et les affaires. Une nation, aussi bien qu'un individu, ne doit pas céder à ses passions et oublier les droits du raisonnement.

Les choses en sont là. Un moyen de les faire avancer, de les faire sortir de l'ornière, est de les examiner de près, de voir les inconvénients et les avantages qu'apporte, à chacune des deux nations, le maintien d'une situation anormale, en opposition avec les idées actuellement en faveur pour le règlement des rapports internationaux.

De la comparaison du tarif différentiel Français, appliqué à l'Italie, au tarif différentiel Italien, appliqué à la France, il résulte que le tarif différentiel Français est, pour certains produits, de 400 p. 100 plus élevé que le tarif différentiel

Italien. En sorte que l'Italie ayant aboli son tarif différentiel, et la France ayant maintenu le sien, il s'est produit une disproportion difficile à justifier, difficile à maintenir[1].

Pendant l'année 1887 qui a précédé la rupture des relations commerciales entre les deux nations,

La France a acheté à l'Italie pour 307.709,516 fr.
L'Italie a acheté à la France pour 192.132,845 fr.

La France a donc acheté à l'Italie pour 115,576,671 fr.

de plus que l'Italie n'a acheté à la France.

La rupture des relations commerciales amenée par l'élévation des tarifs, a réduit les transactions entre les deux pays, dans une telle proportion qu'elle peut-être regardée comme une suppression.

A en juger par ces renseignements, l'Italie aurait donc perdu plus que la France, puisque, au lieu de vendre à la France pour trois cents millions, chiffres ronds, elle n'a plus rien vendu ou à peu près. Toutefois, la France n'est pas sans avoir, de son côté, éprouvé quelque dommage, car elle n'écoule plus, en Italie, les deux

---

[1] La réciprocité du traitement douanier entre la France et l'Italie, réclamé par la chambre de commerce italienne, à Paris. — Juillet 1890. — Magagna, président. — Rubini, secrétaire.

cents millions, chiffres ronds qu'elle y écoulait.

Mais le rapprochement de ces chiffres, exacts. cependant, donne un résultat aux apparences trompeuses. En réalité, la guerre de tarifs que se font les deux pays est également désavantageuse à tous les deux.

Et cela, par une raison bien simple, bien facile à comprendre. Nous achetions, à l'Italie, à peu près exclusivement, des produits de consommation et des matières premières ; nous ne lui vendions que des produits manufacturés.

Les deux tableaux ci-contre sont, à cet égard. utiles à consulter [1]. Ils fournissent un précieux renseignement.

Donc l'Italie ne nous vendant que des produits bruts, des produits naturels, n'est pas atteinte dans son industrie, dans le travail de ses ouvriers, de ses usines. Nous, au contraire, sommes privés d'un marché sur lequel nous écoulions, presque exclusivement, des articles manufacturés.

Les premiers moments de trouble et d'inquiétude, une fois passés, l'Italie a trouvé des dé-

---

[1] Chambre de commerce italienne de Paris. — *Bulletin officiel.* — Juin 1890. — Supplément.

COMMERCE DE LA FRANCE AVEC L'ITALIE (VALEURS EN MILLIONS DE FRANCS)

IMPORTATION D'ITALIE EN FRANCE

	1870	1880	1881	1882	1883	1884	1885	1886	1887
Produits manufacturés	22,2	32,1	20,8	27,5	23,0	23,7	17,2	15,6	17,1
Produits naturels matières premières.	153,6	170,7	198,5	156,4	150,7	138,8	105,3	117,7	110,7
Produits alimentaires	160,1	170,9	183,4	155,1	212,0	188,5	121,0	162,0	161,6
Marchandises non énumérées	22,0	15,6	22,2	22,4	31,7	17,7	10,2	13,1	12,3
Totaux	357,8	308,3	433,0	361,4	427,3	368,7	262,7	311,1	307,7

EXPORTATION DE FRANCE EN ITALIE

	1870	1880	1881	1882	1883	1884	1885	1886	1887
Produits manufacturés	77,3	82,8	80,9	87,0	00,6	84,0	02,0	88,8	04,6
Produits naturels matières premières.	73,6	64,5	72,8	68,1	55,6	67,1	55,0	66,0	71,4
Produits alimentaires	13,3	9,4	11,0	12,7	11,9	8,0	11,2	13,9	10,4
Marchandises non énumérées	16,2	24,6	36,5	32,6	18,7	12,1	18,2	23,7	16,7
Totaux	180,4	181,3	210,2	200,4	176,8	171,8	177,3	192,4	192,1

bouchés pour ses articles de consommation. Elle vend, à ses voisins, ses vins, ses huiles, ses animaux de boucherie, qu'elle ne peut plus vendre à la France. Elle les vend moins cher, il est vrai, mais elle les vend.

La Suisse a, surtout, profité de l'aubaine et, depuis deux ans, les produits alimentaires ont tellement baissé de prix, dans tous les cantons que les plus grands hôtels de Suisse offrent, à raison de sept à huit francs par jour des pensions qui autrefois en coûtaient douze et quinze. Aussi les voyageurs, les oisifs, les gens de plaisir, affluent-ils dans toutes les stations de la petite république. Les villes s'y développent. Chaque pic de montagne est couronné d'un hôtel et certains centres, de création nouvelle, y atteignent un degré de prospérité invraisemblable, si rapide qu'on se prend à douter de leur durée.

Au contraire, la Provence, les départements limitrophes du Piémont, qui, autrefois, s'approvisionnaient à bon compte de l'autre côté des Alpes, ont vu augmenter sensiblement le prix des denrées de consommation. La vie y est devenue plus chère.

A Nice s'est formé un comité de défense des intérêts des Alpes-Maritimes. Il a, récemment, publié une vive protestation contre les mesures prohibitives douanières et a fait ressortir le tort considérable qui résulte, pour Nice et les pays circonvoisins, de ne pouvoir s'approvisionner, en Italie, de vins, de grains et de bétail.

La France n'a pas trouvé de débouchés nouvaux pour les produits manufacturés qu'elle vendait à l'Italie. Ce marché n'a pas été remplacé.

La Suisse, dont, par suite de sa prospérité, la consommation a augmenté, s'approvisionne, en Allemagne et en Angleterre, de ce qui lui manque en tissus. Elle va chercher, à Vienne « l'article Paris ».

La situation des autres nations ne s'est pas modifiée. L'Italie achète à Vienne, à Berlin, les articles que lui fournissait, jadis, la France. Dans tous les magasins des grandes villes : à Turin, à Milan, les villes les plus françaises d'Italie, à Florence, à Venise, à Rome, Naples, Palerme, même, on ne voit plus que des produits allemands : leur bon marché, leur mauvaise qualité, leur fabrication inférieure, les fait, facilement, reconnaître.

La France et l'Italie souffrent donc, toutes deux, de l'état de choses actuel. Faire cesser cette situation, mettre un terme à cette guerre de tarifs, est le désir de tous les hommes d'affaires des deux pays et, peut-être, arriveraient-ils assez promptement à s'entendre, si la politique ne venait pas se mettre au travers de si bonnes intentions.

La première chose à faire est une revision des tarifs.

Pour se conformer à la marche habituelle, à la tradition suivie en pareil cas, chaque état nommera une commission opérant dans son propre pays. Ces commissions, à leur tour, désigneront des délégués qui, munis de pleins pouvoirs, iront discuter dans l'une des deux capitales.

On prendra les membres des commissions préparatoires parmi les personnages les plus recommandables, gens d'expérience, commerçants, industriels ou producteurs. Aussitôt en besogne, chacun d'eux fera un raisonnement très simple, très net, très pratique : malgré tout l'intérêt qu'il porte à la chose publique, il ne négligera pas l'attention que méritent ses chers intérêts particuliers.

Pour ce faire, il n'aura pas besoin de grands efforts; il lui suffira de proposer, pour les articles de son commerce, les objets qu'il fabrique ou les produits qu'il obtient, des droits aussi réduits que possible, à leur entrée en Italie, et des droits aussi élevés que possible pour les articles similaires italiens, à leur entrée en France. De telle façon que l'Italie ait tout avantage à se fournir en France, et que la France, au contraire, n'ait nul intérêt à se fournir en Italie.

Mais, comme les Italiens ne sont ni plus sots, ni plus désintéressés, ils feront exactement le même raisonnement et leurs délégués manifesteront les mêmes intentions. L'entente, dans ces conditions, sera difficile à établir. Les discussions se noieront dans des flots de paroles; elles ne manqueront pas de s'aigrir, et les délégués se sépareront en se tournant le dos.

C'est exactement ce qui s'est passé à Paris en septembre 1889, et à Rome en janvier 1888.

Quand on examine le tarif douanier fonctionnant, en ce moment, entre la France et l'Italie, on est frappé de certaines bizarreries, de certaines anomalies inacceptables pour le public.

Un bœuf Italien paie 60 francs pour entrer en France, et un bœuf Français ne paie que 38 francs pour entrer en Italie.

Le poisson frais d'eau douce ou d'eau de mer, paie 10 francs les cent kilogrammes pour entrer d'Italie en France; il ne paie rien pour entrer de France en Italie.

Les tissus écrus paient, au moins, 32 francs, et, au plus, 464 francs les cent kilogr., pour entrer d'Italie en France; ils paient de 25 à 162 francs pour entrer de France en Italie.

Le linge damassé paie de 126 fr. 10 à 694 fr. 20, les cent kilogr., pour entrer d'Italie en France, et il paie de 52 fr. 50 à 178 fr. 60 pour entrer de France en Italie.

Enfin, les tortues Italiennes paient 0 fr. 30 pour se faire manger en France, et il n'en coûte que 0 fr. 12 à une tortue Française pour aller se faire manger en Italie.

Comment faire cesser un tel état de choses? Des deux côtés on le déplore, on se lamente et on souhaite de meilleurs jours, ce qui ne suffit pas pour en assurer la venue.

Des protestations, des réclamations formulées d'une façon précise dans la presse, dans des réunions publiques, finiraient par émouvoir les gouvernements. Poussés ou forcés par l'opinion, ils se décideraient à entrer dans la voie des concessions, et ce succès, obtenu dans les faits économiques, exercerait sûrement une influence, considérable sur les faits politiques.

A première vue, un tarif des droits de douane échangés entre deux pays devrait contenir des taxes égales pour les mêmes produits, de quelque côté de la frontière qu'ils se présentent.

Un tel procédé serait trop simple, d'une application trop facile, et ne pourrait être accepté par les protectionnistes, car il aboutirait promptement au libre échange puisque, pour les deux pays, la différence des bénéfices de taxes résulterait uniquement de la différence des quantités et non, à la fois, de la différence des taxes et de la différence des quantités.

Donc, en attendant la mise en pratique du libre-échange, si jamais elle arrive, il faut accepter une différence dans les tarifs, de façon à permettre à un pays de protéger. comme il l'entend, les produits de son industrie et de son sol. et ne pas laisser envahir son marché par les produits des pays voisins.

C'est là une question de mesure que le bon sens et la loyauté doivent empêcher de convertir en privilège. à l'avantage de l'un, au détriment de l'autre.

Souvent, en ces derniers temps, on s'est plaint de voir les programmes d'enseignement rédigés par des savants pour qui la science n'a plus de secrets, qui ignorent les difficultés, et dont les exigences inconscientes dépassent les ressources intellectuelles de la moyenne. Ces programmes devraient être rédigés par des ignorants, réclame-t-on volontiers, au moins ils seraient à la portée de tous. Affirmation moins paradoxale qu'elle le paraît.

Il en est des traités de commerce comme des programmes d'enseignement. De même que la rédaction de ceux-ci devrait être confiée à des ignorants, de même la rédaction de ceux-là devrait être confiée à des gens sans intérêt dans la question, n'étant ni concurrents, ni fabricants, ni producteurs; n'ayant, par conséquent, aucun avantage à la hausse ou à l'abaissement des tarifs. Ces ignorants, d'un genre spécial, céderaient à une seule influence, celle du désir de bien faire.

Des hommes de ce caractère, remplissant de telles conditions, pris dans chaque pays, arriveraient, en vingt-quatre heures, à un arrangement qui, fût-il médiocre, vaudrait incontestablement mieux que l'état actuel.

La guerre des tarifs que se font la France et l'Italie ne se borne pas aux difficultés créées par le traité de commerce, elle comprend aussi celles qui résultent du traité de navigation.

Le traité dit de navigation, réglant les conditions que devaient observer les deux puissances. dans leurs relations maritimes, avait été préparé par le gouvernement Français et soumis au parlement. dans le courant de 1886. avant la rupture du traité de commerce.

Lors de la discussion du traité de commerce. la chambre Française crut exercer une pression sur le gouvernement Italien. et obtenir de lui des concessions sur le traité de commerce en faisant prévoir le rejet possible du traité de navigation. Contre toute attente, l'Italie résista et le rejet du traité de commerce entraîna, par suite, le rejet du traité de navigation.

De fait, les relations maritimes officielles. entre les deux pays se trouvèrent supprimées.

Notre cabotage dans la Méditerranée, sur les côtes d'Italie reçut un coup terrible dont tous les petits ports de Provence n'ont encore pu se remettre.

Le petit cabotage n'a pas été seul atteint. Les grandes compagnies de navigation, les Messageries maritimes. les Transatlantiques, qui, par une singulière anomalie de nom. sont chargés du service des courriers dans la Méditerranée. la compagnie Frayssinet. toutes celles, enfin. qui ont leur port d'attache dans la Méditerranée.

voient leurs intérêts lésés et leurs bénéfices amoindris.

Ainsi, pour ne nous occuper que des Transatlantiques, les bâtiments de la compagnie peuvent bien faire escale à Naples pour y laisser des voyageurs, mais non pour en embarquer. Les escales de Gênes, de Livourne, toutes celles de Sicile, leur sont interdites.

En sorte que les voyageurs, gens d'affaires ou touristes, à destination de la Sicile, de la Tunisie, de l'Egypte, de Constantinople, et voulant, du nord de l'Europe, passer à travers l'Italie, doivent renoncer à profiter de nos bateaux français. Ils allaient, autrefois, prendre ou quitter, à Naples, le paquebot parti de Marseille ou d'un port de la Méditerranée, en traversant l'Italie et la France; il leur faudrait, aujourd'hui, pour effectuer ce même voyage, s'embarquer à Marseille, débarquer à Naples, prendre passage sur un des bateaux de la compagnie italienne Florio-Rubattino, qui les conduirait à Palerme y prendre un autre bateau pour Tunis ou Malte; ou bien aller de Naples, Messine, à Malte, où ils retrouveraient le bateau français.

Pour éviter ces complications, ils vont, à Messine ou à Brindisi, prendre le bateau Italien.

Comme nous usons de procédés analogues à

l'égard des paquebots Italiens, la situation de ces derniers n'est pas plus enviable que celle des nôtres.

Ce qui se passe pour les voyageurs se passe pour les marchandises, et les conséquences de cette manière d'agir se traduisent par des pertes réciproques, sans avantages pour aucune des deux nations engagées.

De telles querelles n'ont ni noblesse, ni grandeur. On comprend une véritable guerre, loyale, ouverte ; des coups échangés au grand jour, mettant en évidence le courage et l'audace des combattants. Mais cette lutte dissimulée, sournoise, ne pouvant aboutir qu'à des pertes d'argent, à un amoindrissement matériel, est indigne de deux nations grandes et fortes qui ont, en Europe, un autre rôle à remplir.

Cet exposé très court d'une situation dont, tant en France qu'en Italie, bien peu se rendent un compte exact, n'a rien de consolant. Nous nous irritons de plus en plus contre les Italiens, cherchant un motif de consolation aux dommages qui nous sont imposés dans la pensée d'en faire endurer de pires encore.

Notre humeur, pourtant de nature si accommodante, chaque jour s'aigrit et ainsi devient difficile un rapprochement si désirable pour les deux nations si utile, pour leurs intérêts communs.

VII

La triple alliance.

La triple alliance, la *triplice*, comme on se contente de dire à Rome, a été conclue entre l'Allemagne, l'Autriche et l'Italie, dans un intérêt commun, suivant des conditions peu ou mal connues, ou plus exactement, inconnues.

Son origine est plus ancienne qu'on ne le croit généralement. Elle a, pour point de départ les relations qui, en ces derniers temps, ont rapproché la maison de Hohenzollern de la maison de Savoie.

Le prince Humbert, alors prince royal, fut, en 1866, envoyé à Berlin par son père, à propos de l'alliance projetée entre l'Italie et la Prusse.

alliance contractée avec l'agrément de Napoléon III, et qui eut pour résultat la réunion de la Vénétie à l'Italie.

Le prince avait reçu favorable accueil à la cour de Prusse ; il y retourna six ans plus tard, en 1872, pour être le parrain de l'une des filles du prince Frédérick-Guillaume, prince Impérial.

Victor-Emmanuel, à son tour, se rendit à Berlin en 1873. Au cours de ce voyage furent posées les bases du traité de la triple alliance. Le traité fut préparé par Minghetti, chef des droites, signé par Depretis et Mancini et, plus tard, renouvelé par Robilant.

Guillaume Ier, Empereur d'Allemagne, vint à Milan, en 1875, rendre à Victor-Emmanuel la visite que celui-ci lui avait faite deux ans auparavant; il fut reçu avec grands honneurs.

Frédéric-Guillaume représenta l'Allemagne, à Rome, aux obsèques de Victor-Emmanuel. Ce voyage resserra les liens d'amitié qui existaient entre le nouveau Roi et le futur Empereur. En pressant dans ses bras le petit prince de Naples, pour le montrer au peuple du haut du balcon du Quirinal, le prince Frédéric avait conquis la sympathie de la Reine; elle vit, dans ce robuste soldat, dans ce puissant Empereur, un protecteur assuré pour l'enfant, héritier de son trône. Un détail d'ordre intime, inutile à rappeler ici, augmenta cette sympathie.

Guillaume II, à peine monté sur le trône, s'empressa de venir à Rome (1888) et diverses circonstances de son voyage semblaient ne pas devoir établir une parfaite entente entre les deux souverains; le contraire arriva, cependant.

En 1889, le Roi rendit à l'Empereur, à Berlin, la visite que celui-ci lui avait faite l'année précédente.

L'Empereur, allant à Athènes, en novembre de la même année, pour assister au mariage de sa sœur avec le duc de Sparte, traversa l'Italie, accompagné de l'Impératrice, et fut reçu à Monza.

L'histoire nous apprend ce que valent et ce que peuvent ces amitiés de souverains, et le fonds qu'on peut faire sur elles, quand elles ne sont pas contractées dans l'intérêt des peuples, quand la volonté nationale ne les sanctionne pas. Il ne faut donc pas donner, à celles dont il vient d'être fait mention, une importance excessive, au point de vue de la politique européenne. Elles ont eu surtout, pour but, un intérêt dynastique.

Au début de ces courtoisies de souverains, en 1872, nous étions tellement occupés chez nous

qu'elles n'attirèrent pas notre attention. On
commença seulement, en France, à s'en occuper, lors de la visite de l'Empereur à Milan, en
1875.

L'Autriche se trouvait, depuis 1860, frappée
de coups successifs. La Lombardie, la Vénétie
lui échappaient pour revenir à l'Italie, et son
voisin, l'Allemand, qui ne l'avait pas ménagée à
Custozza, la menaçait encore. Elle avait à
craindre de tous côtés. Ne pouvant lutter contre
tant d'ennemis, elle fit alliance avec les plus
inquiétants, en attendant l'heure où elle pourrait les combattre.

La triple alliance fut ainsi fondée, s'appuyant
non sur des sympathies, des affinités de races,
en vue d'un but noble et élevé, mais, au contraire, avec le seul désir de donner satisfaction
à des intérêts matériels. Ce sont, il faut le reconnaître, et cette constatation fait peu honneur
à l'humanité, les alliances de ce genre qui sont
les plus solides et les plus durables.

Seulement, il ne faut pas prétendre, comme
le fait M. Bonghi [1], que l'origine de la triple al-

---

[1] *Revue Allemande littéraire.* — L'Italie, l'Allemagne et la
triple alliance. Décembre 1890.

l'iance vient de l'irritation de l'Italie contre la France, causée par l'attitude de la presse française, l'intention du gouvernement français de rétablir le pouvoir temporel et, enfin, par l'occupation de Tunis :

La presse française n'a pas manifesté son irritation contre l'Italie, avant ces dernières années ;

Le gouvernement français a fait preuve d'une bienveillance peu durable et très modérée à l'égard du Saint-Père, vers 1876 seulement;

Tunis, enfin, n'a été occupé qu'en 1881.

Tandis que l'idée première de la triple alliance date de 1872.

L'Italie venait d'achever son unité. En entrant à Rome, elle ne sentait pas son occupation bien assurée et craignait un retour offensif de la France. Elle chercha un appui : l'Allemagne s'offrit et fut acceptée.

L'Allemagne amena l'Autriche avec elle, et la triple alliance vit le jour.

Chose étrange. ce traité de la triple alliance dont, depuis depuis dix-huit ans, l'Europe s'occupe et se préoccupe, est dans ses détails, ignoré du public. Le fait brutal, matériel, seul est connu. Le texte des conditions n'a pas été divulgué. et on est, à leur sujet, réduit aux conjectures. Constitue-t-il une alliance offensive, ou purement défensive ? Les trois nations contractantes se doivent-elles, réciproquement, aide en cas d'attaque, ou doivent-elles se réunir s'il prend fantaisie à l'une d'elles de partir en conquête ? Nul ne le sait. Les plus malins, ne voulant pas paraître pris au dépourvu, font les bien renseignés : le texte de ce traité a, souvent, été modifié, complété, transformé, disent-ils ; il est devenu obscur, se prête à toutes les interprétations ; les signataires, eux-mêmes, ne connaissent plus, au juste, leurs droits et leurs devoirs.

Nous traversions, il y a peu de temps, le pont de la Concorde, quand vint à nous un confrère, exprimant sa satisfaction de nous rencontrer. Il voulait, le lendemain, dans son journal, faire paraître un article à sensation sur la triple alliance, et pensait ne pouvoir mieux s'adresser qu'à nous, pour être bien renseigné.

Il perdit promptement ses illusions à cet égard, et tous deux alors de chercher qui pourrait le tirer d'embarras.

Les députés sortaient de la chambre. Il arrêta le premier auquel il était en droit d'adresser une question.

— Renseignez-moi, cher, je vous prie, sur le traité de la triple alliance. Quel est-il ?

— Le traité de la triple alliance est un traité contracté entre l'Allemagne, l'Autriche et l'Italie.

— Je le sais..... Mais dans quel but ?

— Mais..... dans celui de s'unir, de s'allier.

— Merci. Je m'en doutais un peu à la vérité, c'est assez le cas de tous les traités. Celui en question est-il un traité de paix ou de guerre ? Un traité offensif ou purement défensif? Un traité de commerce, de.....

— Vous m'en demandez bien long.

La figure de l'honorable prit une expression mécontente, ahurie. Il parla entre ses dents, répéta quelques mots sans suite, alluma une cigarette et courut après un collègue auquel il avait une importante communication à faire.

Trois fois de suite, et plus, l'expérience fut renouvelée et donna un résultat identique. A la fin parut un ex-ministre, une excellence détrônée sortie jadis de nos rangs. C'était, c'est encore, malgré son passage au pouvoir, un garçon d'esprit, un aimable sceptique. Nous lui barrons le chemin et l'interpellons.

— Qu'est-ce que le traité de la triple alliance ?

— C'est un traité contracté entre.....

— Ça, nous le savons, dix de vos collègues viennent de nous fixer à cet égard.

— Eh bien ! alors ?

— Nous voudrions connaître les clauses principales de ce traité ; quels engagements lient entre elles les parties contractantes ?

— Je n'en sais rien. J'aurais dû me méfier : vous m'avez tendu un piège.

Puis, après un court silence : Penser que, pendant huit mois et onze jours, le temps de durée de mon ministère, j'ai vingt fois demandé à la chambre, au conseil, de mettre l'Italie en demeure de se séparer de la triple alliance. J'ai même dit certain jour où j'étais en verve d'éloquence patriotique : « La France s'avilirait en insistant auprès de l'Italie, en lui tendant la main. La France ne peut tendre la main à l'Italie tant que l'Italie sera l'alliée de l'Allemand, » et j'ai été couvert d'applaudissements à droite et à gauche. Le plus curieux, vous n'allez pas me croire, les ministres italiens, eux-mêmes, ne sont pas plus avancés que nous [1]. Nous ne savons

---

[1] Des alliés. Italiens et Allemands, quatre personnes connaissent, seules, le texte du fameux traité : l'empereur Guillaume, le roi Humbert, Bismark et Crispi.

Étrange jeu du destin : les deux souverains ont éloigné les ministres, leurs confidents !

M. de Rudini, peu après être devenu chef du cabinet italien, a déclaré ignorer les conditions de la triple alliance. La chambre

pas, au juste, ce que nous leur demandons ; ils ne savent pas, au juste, ce qu'ils nous refusent. Quelle crâne idée on a le droit de concevoir des finesses politiques, diplomatiques et parlementaires, quand on tient la queue de la poêle officielle où elles mijotent!

Le correspondant de l'un des plus importants journaux étrangers vint à franchir la grille de la chambre.

— Voilà l'homme attendu, s'écria notre ami, celui qui va me tirer d'embarras. Et il courut au-devant de l'éminent personnage.

Notre ami nous rejoignit bientôt.

— M. de Blowitz n'en sait pas plus long que les autres, fit-il, seulement, il ne veut pas l'avouer. Il s'est refusé à me donner aucun renseignement : « Ce que je vous dirais serait répété, divulgué, et je n'ai pas le droit d'être indiscret. »

L'article parut, néanmoins, un article, documentaire, plein de détails curieux, précis, qui fit le tour des « cercles politiques les mieux informés et y obtint grand succès ».

L'exemple de notre ami était tentant. Nous n'avons, cependant, pas voulu le suivre et don-

a voulu exiger que les conditions fussent révélées. Le Roi a refusé ou, plutôt, n'a pas même répondu.

ner, après lui, d'après lui, le texte des conditions de la triple alliance. Nous nous bornerons à parler de la situation qu'elle crée aux puissances qui en sont parties contractantes.

Il existe en Italie un puissant parti favorable à l'Allemagne. Il en est un autre, moins puissant, il est vrai, auquel l'Allemand est odieux. Ce dernier parti a beau détester l'Allemand, il n'est pas, pour cela, favorable à la France.

Le programme de ce parti est l'Italie libre de toute influence, forte par elle-même, par ses ressources et ses moyens d'action, ne voulant attenter à la liberté, aux institutions d'aucun peuple, mais voulant faire respecter celles de son pays.

Ce parti se recrute parmi les membres du parlement ; il a pour lui l'armée et une partie de la presse. La cour lui fait opposition, et le gouvernement subit l'influence royale.

« L'amitié de l'Italie et de l'Allemagne est, a dit M. Bonghi, une des surprises les plus étonnantes de l'histoire moderne. Le tempérament, les tendances des deux peuples devraient en faire des ennemis. »

Imbriani s'est présenté, à Naples, aux élections générales de 1890, comme socialiste mais aussi comme ennemi de toute alliance humiliante pour l'Italie. Dans toutes ses professions de foi, dans toutes ses déclarations, il s'élève contre la triple alliance et proteste contre le côté odieux d'une alliance entre l'Italie et l'Allemagne.

Quant à la France, il n'en parle pas; aussi avons-nous beaucoup trop célébré son élection : elle nous importe peu, Imbriani, jusqu'à présent, ne nous a donné nul gage de sympathie. S'il parle souvent de nos institutions républicaines, il ne parle jamais de notre pays.

Le patriote italien, du plus humble au plus puissant, n'a qu'un désir, qu'une aspiration : donner, à sa patrie, la liberté, la grandeur, la sécurité. Il veut lui assurer ces inestimables biens par ses seuls efforts, sa seule volonté. Il « aime et estime » les Français, mais platoniquement. Il ne veut pas plus de leur tutelle que de celle des Allemands.

On ne peut blâmer les Italiens : de telles aspirations sont méritoires ; peut-être éprouveront-ils quelques difficultés à les réaliser.

La presse anti-allemande exprime son opinion avec netteté et énergie :

« Pendant dix ans, encore, nous sommes assurés d'une alliance qui nous coûte un œil de la tête, à laquelle nous sacrifions nos meilleures ressources, nos plus chères espérances, qui transforme notre pays en un camp armé et nous fait renier notre mission en ce monde [1]. »

« Notre sentiment national n'acceptera d'alliance que sur les questions industrielles, financières et politiques. Nous voulons vivre en paix avec nos voisins ; nous nous refusons à subir leur influence. L'Italie est une grande nation, elle n'acceptera jamais d'alliance avec l'Allemagne ou avec la France, pour apporter une aide à leurs menées ambitieuses.

« Que le gouvernement ne se flatte pas d'arrêter l'explosion du sentiment national. Le peuple italien s'opposera toujours à subir une influence étrangère. Il ne veut pas que des étrangers comptent sur lui pour les aider à assaillir ou opprimer les peuples. Il n'a qu'une pensée : rompre une alliance devenue pour lui une honte [2]. »

« En ce qui concerne l'Italie : quand on compare ses sacrifices à ses ressources, il convient de se demander si nos gouvernants n'ont pas perdu l'esprit, lorsqu'ils songent à persister

[1] La *Tribuna*, 26 juillet 1890.
[2] L'*Italie*, 26 juillet 1890.

dans la triple alliance, ou à la renouveler.....
Le peuple finira par se révolter contre une politique qui ruine le pays, supprime la liberté, à l'intérieur, et abaisse le nom italien, à l'extérieur[1]. »

Les journaux qui pensent et s'expriment ainsi forment une faible minorité. Ils seront, un jour, l'honneur de la patrie. L'histoire dira qu'en face du parti soumis à l'Allemand, abaissé par l'étranger, il a existé, en Italie, dans les temps les plus difficiles, un parti courageux voulant une Italie libre, fière, indépendante ?

Et l'armée ? L'alliance allemande y rencontre la plus vive opposition. La chose est aisée à comprendre. L'Italien a l'orgueil national poussé à l'extrême, ce qui est à nos yeux un mérite. Après avoir été abâtardi par de longues périodes de despotisme, il se sent, désormais, l'âme rajeunie ; pris d'un violent désir de faire acte de force et d'énergie, il rêve de voir la liberté lui rendre sa gloire passée, sa grandeur éteinte.

Or, dans les dispositions prises par le grand état-major allemand, acceptées par l'état-major italien, le commandement suprème appartient

---

[1] L'*Italie* et l'armée dans la triple alliance. Brochure italienne anonyme.

à l'Allemagne. L'Italie sera en sous-ordre, elle ne commandera pas ses propres troupes, et ses soldats, ses officiers obéiront à l'Allemand. Souvenir humiliant de Rome antique, l'armée italienne se verra transformée en armée de mercenaires aux ordres du conquérant. L'orgueil italien ne peut accepter cet abaissement; dans les rangs de l'armée éclatent les protestations.

En cas de bataille, si victoire il y a, elle sera au compte de l'Allemand, la défaite reviendra à l'Italie. A qui celle-ci s'en prendra-t-elle?

La plus cordiale entente ne règne pas entre les deux cours, ni entre leurs souverains.

L'Empereur est peu sociable. En tous points très différent de son père, il manque d'empressement auprès des femmes, ne recherche pas les relations mondaines et goûte peu les charmes de la conversation. Il déteste la gêne, la contrainte, juge que tous égards lui sont dus et, en maintes circonstances, a fait sentir à ses hôtes, ses royaux cousins d'Italie, combien grand était l'honneur que leur apportait son auguste présence.

Après le premier voyage à Rome de l'Empereur « agité » comme l'appelle la marquise de Villamarina, dame d'honneur de Sa Majesté, parut une caricature en deux parties. Dans la première, le Roi et la Reine, les bras en l'air, semblent remercier le ciel, tandis que, par une porte mi-close, s'éloigne l'Empereur vu de dos, une valise à la main. Au-dessous, un lit : « Il s'en va !!! Il s'en va !!! »

Dans la seconde partie, la porte s'est rouverte. l'Empereur, toujours sa valise à la main, et vu de face, cette fois, reparaît devant le Roi et la Reine, dont les bras sont ballants et la tête basse, leur criant : « Je reviens ! Me voici !!! »

La cour de Rome est raffinée dans sa tenue, dans ses habitudes ; celle de Berlin est toute différente, elle est surtout économe. L'Empereur y a introduit une discipline toute militaire ; il y commande comme à la caserne, reportant tout à lui. Les autres ne comptent pas.

Un soir, au Quirinal, Guillaume II occupait le centre d'un cercle de généraux, discutant de choses militaires que ses interlocuteurs comprenaient mal : il s'exprimait en allemand. Les femmes, délaissées, bâillaient, trouvant le lieu singulièrement choisi pour un entretien de cette nature. La Reine, à la fin, s'impatientant, se mit au piano et joua la marche prussienne. Aussitôt, l'Empereur, oubliant où il se trouvait, se tut, rectifia sa position se croyant à la manœuvre.

et peu s'en fallut qu'il ne commandât un mouvement.

Par suite de l'impossibilité où il est de se servir de son bras gauche, l'Empereur ne peut, à la fois, employer un couteau et une fourchette. On lui coupe son pain, à l'avance, sans qu'il y paraisse, et il a pour son usage, un petit instrument particulier, fourchette dont un des côtés, muni d'un tranchant sert de couteau. Le premier jour de son arrivée, au moment de se mettre à table, il aperçut la marquise de Villamarina fort occupée à regarder ce singulier outil, en expliquant l'usage à la Reine. Il s'irrita, au point de ne pouvoir contraindre sa mauvaise humeur et exigea que la place de la marquise, indiquée à sa gauche, fût occupée par une autre personne.

Après sa visite au Saint-Père, l'Empereur se montra préoccupé, troublé. L'imagination de cet halluciné était pleine de pensées religieuses. Il manqua de tact au point de s'étendre longuement sur les égards dont il avait été l'objet pendant sa visite, sur la vénération, le respect que méritait le caractère sacré dont était revêtu le Saint-Père et qui le plaçait au-dessus des humains.

On devine la tête des souverains, ses hôtes, pendant ce maladroit discours! Comme on lui faisait observer, le lendemain, qu'il les avait blessés, il répondit, brusquement, d'un ton bourru : « Eh! qu'y puis-je, après tout? Ils sont excommuniés, et pour cause! » Et il alla à une *fonzione* à l'église Saint-André, où il pouvait être admis malgré sa qualité de protestant, tandis que le Roi et la Reine en eussent été expulsés s'ils se fussent présentés. Les souverains aussitôt informés durent se taire. Mais voilà que, pour comble, Guillaume II eut, un peu plus tard, la malencontreuse idée de faire remarquer que le prince de Naples paraissait malingre et avait la tête très développée.

Tout cela, dira-t-on, n'est pas bien grave. D'accord. A les entendre raconter et à les lire, ces détails perdent de leur importance. Cependant, si, parmi nos amis, nous en comptions de si désagréables que Guillaume II, nous n'en rechercherions pas le commerce. Humbert agirait, sans doute, de même, s'il était libre d'agir à sa guise; si son trône, si sa dynastie n'avaient pas besoin d'un protecteur.

L'Autriche a, jadis, possédé deux des plus belles provinces de l'Italie : la Lombardie et la Vénétie, ses anciens sujets se rappellent combien elle a été un maître dur. L'Autriche conserve encore.

sous sa domination, deux provinces italiennes : Trieste et Trente, qui voudraient faire retour à la mère-patrie. L'Autriche se refuse à les céder ; de là une mésintelligence constante, des menaces de conflits chaque jour près d'éclater, des incidents de frontières inquiétants. Situation bizarre qui, du jour au lendemain, peut, sans transition, transformer en ennemis deux peuples que les hasards de la politique ont rendus alliés.

Rappeler tous les faits qui, depuis le commencement du siècle seulement, ont fait, de l'Autriche et de l'Italie, deux peuples ennemis, nous obligerait à un cours d'histoire ; les derniers événements suffisent.

Avec l'Allemagne, chaque année apporte, en apparence, un intérêt nouveau à l'amitié des deux nations. Avec l'Autriche, chaque année la haine augmente et s'accuse.

En juin 1889, à l'occasion de l'inauguration de la statue de Giordano Bruno [1], la populace de Rome s'est soulevée, s'est portée en foule, devant le palais de Venise [2], huant l'ambassadeur d'Autriche. La troupe dût faire évacuer la place ; une musique militaire s'installa sous les fenêtres du palais et joua tout le jour afin d'empêcher

---

[1] Très belle œuvre du statuaire Ferrari.

[2] Résidence de l'ambassadeur d'Autriche, à Rome.

les clameurs de la foule d'arriver à l'intérieur.

L'incident d'Udine fut plus grave.

Un régiment de cavalerie italienne de garnison à Udine, alla, en promenade militaire, jusqu'à la frontière autrichienne. Les officiers italiens rencontrèrent là un détachement de soldats autrichiens, colonel en tête. Ils s'avancèrent pour saluer les officiers de l'armée alliée. Ceux-ci, au nombre de vingt, environ, répondirent à cette courtoisie et, sur l'invitation qui leur en fut faite, prirent le commandement du régiment et entrèrent à Udine, à sa tête.

Les habitants d'Udine n'avaient pas vu l'uniforme autrichien depuis le jour où ils avaient expulsé ceux qui le portaient. A la vue de cet uniforme abhorré, leur haine ancienne leur revint au cœur. Ils s'assemblèrent. Des groupes hostiles, formés sous les fenêtres du cercle militaire, devinrent bientôt menaçants. On fut un moment fort inquiet sur le sort des officiers autrichiens. Enfin, on put les faire sortir. Ils quittèrent la ville, à l'aide d'une escorte, poursuivis par la population leur criant aux oreilles le refrain de l'hymne national :

Va fuori l'Italia, fuori straniero !
Quitte l'Italie, va-t'en, étranger !

Les murs de la ville se couvrirent d'affiches rappelant aux habitants que, si les officiers italiens ignoraient les années d'esclavage de la patrie, les Lombards-Vénitiens, eux, ne les oublieraient jamais.

Le prince de Naples a rendu visite aux grands souverains d'Europe. Non seulement il n'est pas allé à Vienne, mais il a même évité de traverser un point quelconque du territoire autrichien.

Quand Humbert Ier est allé à Berlin, il a fait un long détour pour éviter la voie du Tyrol.

Le père et le fils se souvenaient de la visite de Victor-Emmanuel, à Vienne, que l'Empereur refusa de lui rendre.

Au mois de septembre dernier, un cuirassé de la marine autrichienne *la Minerva*, en croisière dans la Méditerranée fit escale au port de Civita-Vecchia. Les officiers descendirent à terre, vinrent à Rome, demandèrent et obtinrent une audience du pape. Ils se dispensèrent, avec un dédain trop significatif, de toute démarche courtoise auprès du roi d'Italie et du monde officiel. Le gouvernement italien se plaignit au gouvernement autrichien. Ce dernier répondit par une façon de non-recevoir. L'Italie n'insista pas.

Un peu plus tard, l'Impératrice d'Autriche, elle-même, séjourna quelque temps en Italie, elle voyageait incognito, et demanda une audience au Saint-Père. Sa demande fut immédiatement agréée. Elle savait très bien, on eut même soin de le lui rappeler, que, reçue par le Pape, elle ne pouvait, ni avant, ni après, être reçue par le Roi. A la réception suivante de l'ambassadeur d'Autriche par Humbert, celui-ci lui demanda des nouvelles de la santé de l'Impératrice. L'Excellence, embarrassée, s'engagea dans des explications un peu obscures, sur la santé de sa souveraine dont le mauvais état l'avait empêchée de faire une visite à Sa Majesté, le Roi coupa court par un brusque congé.

Le Trentin et Trieste, pays italiens, sont restés au pouvoir de l'Autriche, l'Italie les réclame, l'Autriche les refuse. La situation est assez compliquée. En voici un résumé succinct :

Les députés du Tyrol méridional se sont mis à la tête du mouvement séparatiste et ont publié un manifeste dans lequel ils réclament la division de la diète d'Inspruck, en deux assemblées, l'une allemande, l'autre italienne. Leur demande, bien entendu, n'a pas reçu favorable accueil. Loin de se décourager, ils sont revenus à la charge, réclamant, cette fois, l'autonomie du

Trentin. Repoussés, ils ont quitté la salle des séances et la diète a été dissoute.

L'Italie a, en sous-main, prêté appui au mouvement anti-autrichien. Les choses sont allées si loin, les relations entre l'Autriche et l'Italie sont devenues si difficiles, dès le début, qu'un journal officieux autrichien [1] a exprimé ses craintes de voir compromise la durée de la triple alliance.

Une société allemande, la *Scheelverein*, a été fondée, il y a quelque temps, en Autriche. Son but était de protéger, de répandre les idées et les traditions allemandes dans les pays non allemands de l'empire. Son influence a rapidement grandi, s'est surtout développée dans la Dalmatie et le Trentin. Elle a créé des écoles, des bibliothèques, des centres de réunion ; elle a contribué à l'organisation de corporations, de cercles, de sociétés de secours.

Pour faire la contre-partie de la *Scheelverein* et contre-balancer sa puissance, l'Italie a organisé, dans les provinces italiennes d'Autriche, la société *Pro Patria* dont le but est, à la fois, identique et contraire à celui de la *Scheelverein*. Le succès de cette association fut tel qu'en peu

---

[1] *Le Vaterland*, aout 1890.

de temps, le nombre des membres en faisant partie atteignit le chiffre de soixante mille.

Un tel résultat inquiéta le gouvernement autrichien ; il adressa des observations au gouvernement italien. Celui-ci, craignant de voir surgir des complications dans ses relations internationales, et ne pouvant agir directement sur la société *Pro Patria*, laquelle avait son siège à l'étranger, lui suscita une concurrence, en créant, à Rome, une société analogue, placée sous le patronage de *Dante Alighieri.*

A la suite de trois congrès tenus successivement, en 1887, à Roveredo, en 1888, à Trieste, en 1889, à Trente, les deux sociétés décidèrent leur fusion, empêchant ainsi la réalisation des espérances officielles.

L'union des deux sociétés, bien qu'occulte, augmenta leur importance. Elles formulèrent, l'une en Autriche, l'autre en Italie, un programme dans lequel elles déclarent terres italiennes : la Dalmatie, l'Istrie, Trente, Trieste, Malte, le Tessin, la Corse et Nice.

L'Autriche s'émut de cette agitation et déclara dissoute la société *Pro Patria.*

L'Italie jeta les hauts cris. L'Autriche laissa crier et eut recours aux mesures énergiques. Tous les cercles, lieux de réunion, écoles, bibliothèques de la société *Pro Patria* furent fermés. ses caisses saisies, et les manifestations en faveur de l'Italie interdites. Des perquisitions amenèrent des arrestations, la découverte de bombes [1] et d'engins révolutionnaires.

L'Italie, obligée de céder aux réclamations de l'Autriche à propos de la suppression des cercles reliés, en Italie, à la société *Pro Patria*, demanda, en échange, la dissolution, par l'Autriche, de la société la *Scheelverein*, dont l'action s'exerçait sur son territoire.

Pour toute réponse, l'Autriche exigea, en termes hautains, que l'Italie prît les mesures propres à éviter toute manifestation irrédentiste et à empêcher l'élection de Bazzilei, rédacteur de la *Tribuna*, qui se présentait pour remplacer Menotti Garibaldi à la chambre, et dont l'échec fut le résultat de la plus vive pression officielle [2].

Rien n'est, certes, déplaisant pour nous dans

---

[1] Ces bombes, d'une fabrication particulière, étaient grosses comme une orange et formées d'une enveloppe en ciment cerclé de fer. La cavité intérieure, remplie de matières explosibles, prenait feu par le choc. au moyen de douze cheminées garnies de capsules. Ces bombes étaient, on le voit, d'une fabrication bien inférieure à celles que. jadis, Crispi fabriqua et apprit à fabriquer aux conjurés Siciliens. au moment de l'expédition de 1860.

[2] Cette élection a eu lieu en Juillet 1890, pour remplacer Menotti, Garibaldi, démissionnaire à la suite de la discussion, à la Chambre. des affaires de Rome et de l'attitude prise, à cette occasion par le ministre.

cette attitude, l'un vis-à-vis de l'autre, des deux voisins unis en vue de nous nuire ; laissons le temps faire son œuvre. L'avenir nous réserve, sans doute, cette consolation de voir ces trois nations, alliées contre nous, en venir aux mains. Patience ; ce beau jour ne se fera peut-être pas longtemps attendre. C'est une revanche d'un genre particulier que nous doit bien la Providence.

Si la triple alliance a perdu le caractère redoutable qu'elle avait pour nos intérêts, elle n'en est pas moins inquiétante et nous ne devons rien négliger, à cet égard, de ce qui nous permettra de connaître sa force matérielle et morale.

Sa force morale, nous venons de voir ce qu'elle est. C'est une affaire d'appréciation qui dépend du point de vue auquel on se place. Sa force matérielle est plus exactement appréciable ; elle repose sur des données certaines, sur des chiffres et non sur des impressions.

Le tableau ci-dessous fait connaître les forces respectives des trois puissances alliées, armées de terre et de mer, comparées a celles que, de son côté, la France peut mettre en ligne [1].

---

[1] *L'Italie et l'armée dans la triple alliance.* Rome, 1890.

Ce tableau montre combien l'Allemagne, l'Autriche et l'Italie ont agi prudemment en se mettant à trois contre nous.

	SOLDATS	CHEVAUX	CANONS	NAVIRES	MARINS
Allemagne. Autriche, Italie . . .	5.103.000	653.000	6.784	460	48.478
France	3.400.000	500.000	4.422	350	38.912

Notre infériorité numérique doit nous rendre prudents, tant que nous aurons, en face de nous les forces de la triple alliance : mais cette fnfériorité cesserait le jour où une des trois puissances se séparerait des autres, le jour où un allié viendrait nous apporter son appui.

Qui sera cet allié? On parle de la Russie ; c'est là, semble-t-il, une illusion. La Russie craint trop nos idées de progrès, nos institutions politiques, pour consentir à nous donner des preuves effectives de sympathie.

L'allié nécessaire, indispensable, nous n'avons peut-être pas besoin d'aller le chercher au loin, nous l'avons avec nous. C'est l'état de nos ressources, la prospérité de nos finances, la solidité de notre crédit. Les formidables secousses de ces temps derniers n'ont pu l'ébranler, les énormes dépenses de guerre n'ont pu l'amoindrir.

De 1882 à 1887, époque à laquelle s'arrêtent les dernières statistiques, les puissances faisant partie de la triple alliance ont dépensé, pour leur armement : 7,643,616,566 francs. Pendant le même laps de temps, pour la même cause, la France a dépensé, à elle seule, 5,760,000,000 fr. [1].

La comparaison entre les augmentations de dépenses à la charge des trois puissances alliées et celles de la France, pendant la période de 1882 à 1888, est bien digne d'appeler l'attention. Le tableau ci-dessous la résume.

	AUGMENTATIONS DE DÉPENSES (1882 à 1888)	
	MARINE	ARMÉE DE TERRE
Allemagne. . . .	38,34 p. 100	59,09 p. 100
Autriche	30,07 —	43,82 —
Italie	123,86 —	35,78 —
France	17,90 —	3,13 —

La conclusion facile à tirer de ce renseigne-

[1] Etudes sur le budget. Carboni, directeur de la comptabilité publique, en Italie.

ment, est que la patience nous suffira pour venir à bout de nos ennemis. Encore quelques années et ils seront battus, c'est-à-dire ruinés, à bout de ressources, avant qu'un coup de fusil ait été tiré.

Mais il serait imprudent de trop vite nous laisser séduire par l'alléchante illusion à laquelle peut nous entraîner le rapprochement de ces chiffres, car si nous avons, relativement, peu dépensé de 1882 à 1888, nous avons, en revanche, beaucoup dépensé de 1872 à 1882, et l'état de notre marine est peu favorable[1]. L'Italie au contraire, a dépensé, pour sa marine, d'aussi grosses sommes, parce que, depuis sa formation en un seul Etat, elle avait peu dépensé et trouvait, chez elle, tout à faire.

Un document, bien fait pour terminer ce chapitre de guerre, est le résumé des dépenses, en hommes et en écus, faites par divers pays, dits civilisés, depuis 1856, époque de la guerre de Crimée[2].

Au point de vue de l'humanité, n'y aurait-il pas eu meilleur emploi à faire de ces soixante-

[1] Gerville Réache, député, budget de 1870.
[2] D' Euger. *Tribuna*, 28 août 1890.

deux milliards de francs et de ces deux millions deux cent cinquante vies humaines?

GUERRES	HOMMES	ARGENT	
Crimée 1855.	75.000	9.950.000.000	
Italie 1869.	45.000	1.500.000 000	
Duchés 1864.	3.000	175.000.000	
Sécession 1861-1864 . . .	280.000	22.500.000.000	États du Nord.
—	520.000	11.650.000.000	États du Sud.
Autriche 1866	45.000	1.650.000.000	
Mexique - Chine - Cochin-chine	65.000	1.000.000.000	France.
Franco-Allemande 1870-71.	155.000	15.000.000.000	Allemagne.
—	60.000	"	
Serbie et Bulgarie . . .	25.000	880.000.000	
Russo-Turque	250.000	5.625.000.000	
Afrique du Sud	30.000	43.750.000	
Afgans. «	25.000	66.250.000	
TOTAUX	2 250.000	62.000.000.000	

VIII

Les temps sont venus, l'heure indiquée par
les décrets de la Providence a sonné, enfin. Le
Souverain Pontife est remonté sur le trône de
saint Pierre; son royaume temporel lui a été
rendu.

Par la *porta Pia* qui lui avait livré passage
en 1870. le « Piémontais » a disparu. Avec lui
sont partis les soldats et leurs chefs. les fonctionnaires de tout rang et de tout ordre, ministres, sénateurs, députés. magistrats; tous sont
loin déjà. Derrière eux. à leur tour, s'éloignent
en hâte, avocats, médecins. marchands, maîtres
de cafés, d'hôtels, directeurs de théâtres, ar-
tistes, ouvriers qu'avait attirés la transforma-

tion de Rome et qu'effraie le changement sur-
venu.

Rome est rendue au Papé. De nouveau, la
voilà la Ville Sainte, la Ville Éternelle. Du fond
de son palais, le Saint-Père, prosterné en prières
rend grâces au Ciel, lui demandant aide et assistance pour s'acquitter de la nouvelle tâche qui
lui incombe.

Longtemps, Sa Sainteté prie, et, pénétrée de
la grâce divine, pense aux soins de son gouvernement, aux intérêts de ses sujets.

A travers une fenêtre du Belvedère, le Pontife regarde Rome étendue à ses pieds. Rome
sombre, silencieuse ; on la dirait morte. La veille
encore, on distinguait, là-bas, les grandes voies
éclatantes de lumière ; on entendait le sourd
murmure de la foule travailleuse, remuante,
courant à ses plaisirs, à ses affaires. Maintenant
plus rien : la grande ville se recueille, se prépare
par la prière, à saluer, demain son nouveau
maître.

La nuit passe ; le grand jour se lève, annoncé
par un éblouissant soleil.

Le Pape doit se rendre à Saint-Jean de Latran,
s'agenouiller dans la vieille basilique pour rendre grâces au Seigneur. Il traversera Rome que.

depuis douze ans, ses yeux ont vue chaque jour, sans que ses pieds l'aient foulée.

Les voitures des cardinaux, rouges des roues à la caisse, aux quatre angles ornés de marabouts et surmontés de lanternes dorées, aux chevaux couronnés de pompons, aux trois laquais galonnés, debout en arrière, s'arrêtent devant le « portone di bronzo » du Vatican. Sur les coussins de soie sont assises des Eminences rouges, des Grandeurs violettes ; des Moines blancs ; ils descendent, les sentinelles suisses, habillées en valet de carreau, leur présentent les armes et, un genou en terre, reçoivent leur bénédiction.

Tous, cardinaux, évêques, abbés crossés et mitrés, monsignori et simples prêtres disparaissent par le « portone » qui, fermé en 1870 derrière Pie IX, va s'ouvrir, aujourd'hui, à deux battants, devant son successeur. Un moment après, ils se retrouvent dans l'antichambre de la chapelle Sixtine et, pendant longtemps, on entend le bruissement de la soie, le froissement des dentelles, le continuel mouvement de va-et-vient des camériers aidant les prélats à quitter le manteau de pourpre, à revêtir la capa-magna.

Soudain, il se fait un grand silence. La porte de la chapelle Sixtine s'est ouverte, et éclatent les accords de ces chants étranges qu'on dit célestes parce qu'ils n'ont rien d'humain.

Les assistants sont à genoux. Le Saint-Père paraît, la tête couverte de la tiare blanche dont les pierreries étincellent. Il étend les mains, bénit tous ces fronts courbés, et prend place sur la chaise gestatoire portée par seize laquais.

L'immense nef de Saint-Pierre est remplie. Prêtres, religieux, pénitents, fidèles, accourus de tous les pays catholiques, refluent jusque sur la place.

Le Pape traverse la basilique. La tête des assistants atteint, à peine, le degré du trône sur lequel il est porté : il semble marcher sur la foule et l'écraser.

Maintenant, il est debout ; la tiare le grandit, les vêtements sacerdotaux lui donnent des dimensions surhumaines ; les yeux n'osent se lever sur cette vivante personnification de la divinité. Il trace dans l'air le signe mystérieux et donne, à la chrétienté, la bénédiction *Urbi et Orbi*.

Un imposant cortège, une escorte, à la fois, militaire, épiscopale et royale, attend le Souverain-Pontife. Le carrosse est rouge, couvert de dorures ; il est porté par deux anges et surmonté de hauts panaches en plumes d'autruche. Le Saint-Père s'assied au fond : un grand éventail.

se balance derrière sa tête. Devant lui prennent place les deux doyens du Sacré-Collège. Six chevaux harnachés de rouge, conduits par des postillons et des valets de pied, traînent ce carrosse. Des gardes-nobles, à cheval, des gardes-suisses, armés de l'épée à deux mains, l'escortent. Un évêque portant la croix à six branches le précède.

De Saint-Pierre au château Saint-Ange, le Saint-Père retrouve les endroits connus, les aspects familiers. Arrivé au Tibre, il regarde étonné. Que sont ces lignes de quais le long du fleuve ? Q'est cet immense quartier, à gauche ? Qu'est cette ville neuve, à peine achevée ?

Il avance, son étonnement augmente : la place Colonna est double de surface. Il longe, un moment, la rue Nationale qu'il ne connaît pas ; il se trouve au milieu des nouveaux quartiers du Mont Esquilin ; il entre dans une longue et large voie bordée de maisons colossales. Ce n'est plus Rome : c'est une ville nouvelle, inconnue. Ce qui l'étonne, plus encore que la transformation de la ville, c'est le silence, la tristesse qui l'entoure. La solitude s'est faite à ses côtés : la population de Rome a reflué autour de Saint-Pierre et ne suffit plus à remplir la ville. Les maisons sont closes, les magasins fermés, les passants rares. On dirait une ville frappée par une calamité du ciel, subitement dépeuplée. Plus le cortège avance, plus l'abandon augmente. Le bruit des pas des chevaux retentit sur le pavé, se prolonge, au loin, se répète comme un son lugubre. Toutes ces demeures sont vides, les habitants se sont éloignés et, déjà, elles offrent l'aspect désolé des lieux que n'anime plus l'activité humaine.

Rome ne pouvait plus nourrir ses enfants, ils l'ont quittée. La ville est devenue trop grande pour le nombre de ses habitants : sa population est, maintenant, ce qu'elle était autrefois, sous les papes : elle ne compte plus que 155,000 habitants, les 345,000 amenés par les Piémontais sont partis.

De l'œuvre incomplète et inachevée de la transformation de Rome, bientôt il ne restera plus que le souvenir, et les ruines de ce siècle s'entasseront sur les ruines des siècles passés.

Le cœur du Saint-Père est en proie à une angoisse inconnue des humains. Il demande à Dieu de l'éclairer de sa divine lumière, de lui montrer la vérité, de lui ouvrir la voie. Sa grande âme se replie sur elle-même, ne voit qu'ombre et ténèbres. Que faire? Comment rendre, à cette Rome moderne, sa splendeur et son éclat mystique? Que faire de cette immense cité? Où trouver des habitants pour remplir ses demeures, des soldats pour la défendre, des industries, du commerce pour la faire vivre, des chefs pour la diriger et la soumettre?

Non, Rome n'est plus Rome. Rome a échappé à la papauté qui ne peut la reconquérir. La Rome des Papes ne peut plus exister.

Dieu puissant, que ta volonté soit faite! Ton Eglise a mérité les épreuves que tu lui envoies. Quels que soient les rivages où tu pousseras la barque de Saint-Pierre, nous y bénirons ton Saint-Nom!

C'est ainsi que M. Crispi a pu dire : « Il n'y a plus de question romaine; Rome est intangible! »

Rome est intangible parce que, redevenue la ville des Papes, elle ne pourrait plus vivre; parce que la papauté ne disposerait plus des moyens propres à assurer sa prospérité, son existence.

La Rome des Papes avait remplacé la Rome antique, la Rome moderne a remplacé la Rome des Papes. C'est une nouvelle phase qui commence pour elle : l'aurore de la troisième Rome se lève.

Mais s'il n'y a pas de question romaine en Italie, il y a une question religieuse. question si intimement liée à ses forces vives qu'il est impossible de l'en distraire, de l'en séparer.

L'Italie tout entière, le peuple, l'armée, la bourgeoisie, l'aristocratie, le Roi, la Reine, Crispi lui-même, veulent conserver le Pape à Rome. Son départ serait, pour tous, un signe certain de la colère divine, une menace du destin.

Le Pape est le chef de la religion catholique, le représentant de Dieu sur la terre. Le prêtre le plus humble a, entre les mains, une part de son pouvoir, de son caractère sacré. Le sentiment religieux, si noble, si élevé, une fois abaissé, transformé en crainte superstitieuse, donne au prêtre italien, sur la masse populaire, une influence que, jusqu'à présent, le gouvernement a, en vain, tenté de détourner à son profit.

Depuis vingt ans que la papauté a perdu son pouvoir temporel, les choses sont au même point, ne se sont pas modifiées. En Italie la libre pensée n'a pas à se féliciter des progrès obtenus[1] ; qu'on en juge :

[1] A Paris le nombre des enterrements civils tend à décroître. La statistique des pompes funèbres en compte :

> 21,37 p. 100 en 1884.
> 20,28 p. 100 en 1885.
> 19,73 p. 100 en 1887.
> 19,46 p. 100 en 1886.
> 19,04 p. 100 en 1888.
> 10,63 p. 100 en 1889.

Le 10 juillet 1890, à neuf heures du soir, à l'intersection des deux vicoli del Piede, dans le Transtevere, une femme du peuple alluma un cierge devant la madone logée dans une niche au haut du mur, puis s'agenouilla et pria longtemps. Se courbant, ensuite, sur le sol, elle nettoya avec sa langue, elle lécha, le pavé puant et immonde, faisant, ainsi, devant l'image sainte, une large place nette. La pauvre créature voulait, par ses prières, par cet avilissement d'elle-même, obtenir, de la madone, la guérison de son enfant malade.

La foule s'assemble et regarde; pas un rire, pas une raillerie, pas un mot de blâme; les hommes se découvrent, les femmes s'agenouillent. Puis, deux femmes sortent de la foule, rejoignent la première et l'aident dans l'accomplissement de sa tâche volontaire. Le garde de police arrive, se renseigne et se retire. La scène se prolongeant, quelqu'un va quérir un padre à la petite église de Santa-Maria. Le padre accourt, récite des litanies, la foule répond et entonne un cantique. On va s'informer de ce que devient l'enfant; on le proclame guéri. Chacun se retire, sans bruit, sans éclat, certainement impressionné, convaincu d'avoir assisté à une cérémonie, à un sacrifice agréable à Dieu.

Le 13 mai 1890, nous nous embarquions à Naples pour Palerme. Sur le quai, près du bateau devant nous conduire à bord, se tenait un moine crasseux, dépenaillé, de vilaine allure. Il nous importunait, tendant la main, égrenant son chapelet. Pour lui échapper, nous sautons dans la barque, disant aux bateliers de démarrer. Les avirons se lèvent; mais, sur un signe du moine, ils restent en l'air. Le moine descend un degré, murmure une prière et tend la main. Nouveau refus de notre part; nouvelle invitation aux bateliers de partir. De la main, le moine donne un ordre et la barque reste immobile. Nous voulons descendre. Du pied, le moine repousse la barque, la main toujours tendue.

Les autres voyageurs interviennent, nous priant de céder, ils nous l'affirment, les bateliers ne partiront pas, tant que le moine le leur défendra. Nous nous entêtons et, au lieu de céder, mettons un écu sous les yeux des bateliers. Un éclair passe dans leur regard; mais ils n'ont pas un moment d'hésitation et font un signe négatif.

Deux sous? répète le padre, deux sous, Excellence !

Dans notre dépit, nous échappe une expression un peu vive prononcée en français

Alors, un des voyageurs, sur un ton de reproche :

— Comment monsieur, vous êtes Français, vous êtes catholique, c'est aujourd'hui le 13, et vous refusez deux sous à un moine ! Je vous prenais pour un Anglais, un protestant.

Les autres voyageurs joignirent leurs récriminations, et il nous fallut finir par où nous aurions dû commencer : le padre eut ses deux sous. Il les ramassa, nous donna sa bénédiction et, aussitôt, sans plus attendre, le canot fut mis en marche à grands coups d'avirons.

Le 7 septembre de cette même année, toutes nos histoires sont de dates récentes, viennent de se passer et, pourtant, on pourrait les croire vieilles d'un siècle, un bateau à vapeur avait embarqué, sur le lac de Côme, un bataillon de bersaglieri. Survint un gros temps, officiers et soldats se croyant perdus, se jetèrent à genoux, implorant le secours du Très-Haut, ce dont il n'y a pas lieu de les blâmer. Leur attitude ne trahissait ni la peur, ni l'effroi. Se croyant en danger, ils se réclamaient, simplement, de celui qui pouvait leur venir en aide : ils avaient la foi. Malheureusement, ils poussèrent cette foi si loin qu'ils refusèrent de prendre part aux manœuvres du bord ; ils ne jugeaient pas à propos de s'aider, l'aide du ciel leur suffisait.

Dans la province de Rome, à Agosta, petite ville de 1,500 habitants, de l'arrondissement de Subiaco, tout le pays, un beau jour, se jugea possédé du démon. Des jeunes filles vomissaient des clous, des aiguilles; des oiseaux s'échappaient de leurs lèvres, en chantant. D'autres aboyaient comme des chiens, hennissaient comme des chevaux. Il fallut réclamer l'intervention de son Eminence, le cardinal Bianchi, évêque de Subiaco. Il vint, apporta des chapelets et des scapulaires bénis par le Pape, et, tout rentra dans l'ordre.

La Reine éprouve, à intervalles irréguliers, de vrais accès de piété, pendant lesquels elle passe ses journées à errer d'une église à l'autre, en proie à des hallucinations. Elle a dépouillé le Saint-Siège de son patrimoine, elle s'en voit punie de la damnation éternelle. Elle craint pour son fils encore plus que pour elle. La rupture du projet de mariage entre la princesse Clémentine de Belgique et le prince de Naples, lui a porté un coup sensible. Le Pape n'a pas dissimulé que cette rupture était due à son intervention et la Reine y voit un avertissement du ciel.

La princesse Clotilde, à table, en visite, ayant auprès d'elle le Roi son frère, le Prince, son époux, se précipite à genoux, quand tinte, à ses oreilles, le son des cloches d'une église appelant les fidèles.

Le prince de Naples fait le signe de la croix, chaque fois qu'il se met à table, qu'il monte à cheval, entre au bal, commence un travail, etc...
Nous n'apprécions pas, nous ne blâmons pas, nous constatons seulement.

Enfin, Crispi, Crispi lui-même, n'a-t-il pas, un jour, pour conjurer le destin, sorti en hâte la corne de corail attachée à sa chaîne de montre en en tournant la pointe du côté d'un député qui, à la Chambre, venait de parler de son trépas subit à redouter.

Pie IX était *jettatore ;* sa rencontre était de mauvais augure et lorsqu'il passait dans les rues de Rome, c'était à qui, bien vite, sous son manteau, ferait « les cornes » avec l'index et le petit doigt, moyen assuré de détourner le mauvais œil.

On comprend l'impression que peut faire, sur des esprits naïfs, peu cultivés, la parole du Saint-Père promettant châtiment ou récompense, et combien il peut exercer d'influence, conduire à son gré les choses ordinaires de la vie. Le parti catholique n'a, pour le défendre, ni l'armée ni le trésor public, ni la puissante organisation officielle de l'Etat, et, cependant il tient en échec les efforts du gouvernement, lutte contre les forces matérielles de la nation. On s'en aperçoit bien aux élections municipales ou législatives où sur un ordre du pape, tous les catholiques s'abstiennent de voter[1].

La présence du Pape à Rome est indispensable à l'Etat; la nation ne saurait s'en passer. La possibilité du départ du Saint-Père n'est pas même envisagée. On la regarde comme une éventualité redoutable. Ceux-là même, qui affectent, pour le Saint-Siège, indifférence ou dédain sont les premiers à protester quand, poussé par ses cardinaux, aigri par les difficultés de sa situation, le Saint-Père fait annoncer, dans ses journaux, ses projets de retraite à Malte ou en Espagne.

C'est, afin d'être toujours au courant de toutes

[1] Aux élections de 1890, sur 2.586.000 électeurs inscrits, 1.150.000 sont abstenus.

les démarches du Pape, être prévenu à temps s'il venait à quitter Rome, que la questure royale entretien un service spécial de surveillance autour du Vatican [1].

Le 15 juillet 1890, le Saint-Père montant en voiture dans la cour Saint-Damas, pour faire sa promenade habituelle dans les jardins du Vatican, sortit par la porte Saint-Damas et rentra par la porte du Musée. La distance, entre les les deux portes, est de 18 mètres.

Une émotion indicible s'empara de l'Italie. Les journaux officieux, les agences officielles apprirent le fait à l'Europe. Des discussions à perte de vue s'engagèrent sur la longueur du trajet effectué par le Pape hors du Vatican, sur la question de savoir s'il était, même, sorti de l'enceinte vaticane. Bien entendu, on ne fut pas d'accord. Les uns prétendant que le Pape était allé jusqu'à la Zecca, d'autres qu'il avait suivi la rue deï Fondamenti, d'autres, enfin, qu'il était sorti par la porte Saint-Damas et rentré par la porte du Musée. Les polémiques les plus vives furent soulevées dans la presse, radicale et cléricale.

[1] Précédemment, dans l'*Italie des Italiens*, nous avions indiqué que, d'accord avec la questure, le Pape quittait, parfois le Vatican, pour se rendre à Saint-Jean de Latran. Nous commettions une erreur. Léon XIII, depuis son élection, n'a jamais quitté le Vatican.

Le gouvernement fut très inquiet. Quelle portée pouvait avoir cette fausse sortie ? Quelle signification avait-elle ? Le monde catholique s'émut. Si grand est le rôle du Saint-Père que, de sa part, tout acte attire les regards, toute parole excite l'attention.

Des hommes politiques, réputés habiles, pour qui la fin justifie les moyens voudraient au point de vue français, tirer parti de cette situation. Leur système est audacieux et nouveau et peut se résumer ainsi :

La question religieuse, disent-ils, est le côté faible de l'Italie. Elle peut devenir notre côté fort. Entre des mains adroites, cette question serait une arme terrible, seulement, il faut savoir s'en servir.

La formule « le cléricalisme, voilà l'ennemi » semble avoir fait son temps. Il faut essayer autre chose. Aller jusqu'à dire « le cléricalisme voilà l'ami » serait bien gros. On peut, cependant, faire une tentative dans ce sens.

La politique est affaire d'intérêt, n'est pas affaire de sentiment, Crispi l'a hautement déclaré ; et c'est surtout quand il s'agit de politique étrangère que cette déclaration peut être acceptée.

Laissons donc, en France, la question cléricale s'user tranquillement, se transformer suivant

nos exigences sociales, voyons, au point de vue
de nos intérêts extérieurs, s'il serait profitable de
l'agiter chez nos voisins, nos bons amis d'Italie,
les dévoués alliés de l'Allemand.

L'Italie a besoin de calme, politique et social,
pour achever sa transformation, civile et militaire, assurer son unité, mettre de l'ordre dans
ses finances et dans son administration intérieure.

L'agitation cléricale est, pour elle, une cause
de trouble profond : on s'en aperçoit, en tout
temps, surtout à l'époque des élections.

Dans la pensée de ces gens habiles, il suffirait tout simplement, pour nous, d'aider à cette
agitation, un peu, pas beaucoup. Non pas en
nous mettant en campagne pour préparer la restauration du pouvoir temporel, entreprise d'un
succès incertain, quant à présent; mais en donnant, aux cléricaux, un point d'appui qui augmente, sinon leur force, du moins leur audace,
et leur permette de tracasser le gouvernement
italien.

La chose ne serait ni loyale, ni délicate ; ils
le reconnaissent. Est-il loyal, est-il délicat, de la
part de l'Italie de s'être alliée avec l'Allemagne?
Nous sommes attaqués, nous nous défendons
avec les armes dont nous pouvons disposer.
Nous ne nous conduisons pas, en somme vis-à-

vis de l'Italie, autrement que l'Italie se conduit envers nous quand, sans cesse, elle agite à nos yeux le drapeau allemand accolé au drapeau italien.

Ce que ne ferait pas un simple particulier dans sa vie privée, une nation peut le faire sans scrupules. Ce sont là des artifices diplomatiques bien connus des fils de Machiavel. Nous répondons à un vilain procédé par un procédé du même genre. Qui aurait le droit de nous en blâmer, et pourquoi nos radicaux répugneraient-ils à une telle compromission, eux qui, à l'intérieur, chez eux, n'hésitent pas, à l'occasion de certaines manœuvres parlementaires, à s'unir au parti politique le plus opposé à leurs immortels principes?

L'avantage d'une telle mise en scène serait de montrer les dents, mais si peu; d'obliger à compter avec nous, d'arriver à avoir un appui sur le sol italien, d'y former des partisans, lesquels, à un moment donné, en vue de leurs « intérêts » feraient pencher de nôtre côté, l'opinion publique.

S'il survenait une intervention brutale, si la guerre civile, la lutte fratricide, éclatait entre les deux peuples, combien aisé serait pour nous de créer des embarras à nos adversaires, d'allu-

mer, chez eux, un foyer de troubles intérieurs,
de les obliger à se garder, à la fois, au dedans
et au dehors.

Elle a beau être grande puissance, quand elle
serait occupée, au Midi, vers Tunis, au Nord,
sur les Alpes, à l'intérieur, par des discordes et
tentatives de restauration pontificale, l'Italie
aurait, peut-être, sur les bras, plus de besogne
qu'elle n'en pourrait faire.

On peut objecter à nos gens que si le résultat définitif est séduisant, le moyen de l'obtenir
est malaisé. Moins qu'on le croit, répondent-ils;
l'Italie nous a donné l'exemple, nous a montré
le chemin. Il nous suffira de profiter de ses
leçons.

La première condition est d'éviter toute sentimentalité, tout souvenir gênant; notre « sœur »
s'est facilement débarrassée de ce fardeau; pourquoi le prendre à notre charge?

Sans paraître intervenir, elle a créé, dans les
provinces irrédentistes, les sociétés *Pro Patria*
et *Dante Alighieri* dont le but est de former,
aux dépens de l'Autriche, une agitation italienne
qui excite le sentiment national et entretient
la haine de l'Autrichien. Elle a créé, à Nice, en
France, une société dite de secours mutuels
entre les Italiens, société qui groupe les natio-

naux, établit, entre eux, un lien de défense et de protection et leur permet, à certains moments, aux époques d'élections, par exemple, de soutenir les candidats irrédentistes.

Pourquoi ne pas créer, en France, ne pas laisser créer, en Italie, « tout en la désavouant », une société, dite des serviteurs de Saint-Pierre, qui deviendrait un centre de réunion, ils ne disent pas d'action, pour tous ceux ayant à cœur la défense des intérêts de l'Eglise [1]?

Les radicaux s'inclineront, comprenant qu'il ne s'agit pas de convictions, d'opinion de parti, mais d'un intérêt national d'un ordre supérieur.

La société française des serviteurs de Saint-Pierre ou toute autre analogue, remplirait, en Italie, le rôle que les sociétés italiennes remplissent dans les provinces irrédentistes, que la société d'aide et de secours remplit à Nice, que la société des écoles italiennes remplit à Tunis. Ce ne serait pas une innovation, mais, tout simplement, l'application d'une mesure pratique et profitable.

---

[1] Une société de ce genre a été en formation dans le courant de l'année 1890. L'évêque de Grenoble en a été le promoteur. M. Lucien Brun, sénateur, en était le président. Les journaux : le *Siècle* et le *XIXᵉ Siècle*, ont vivement protesté contre la création de la nouvelle société.

Autre chose : à certaines époques, partent, de France et d'ailleurs, d'Italie même, des bandes de pieux pèlerins qui vont à Rome, demander au Saint-Père, sa bénédiction. Ces pèlerins sont étrangement recrutés. L'assemblage de tous ces braves gens, différents d'âge, de sexe, de situation, forme l'ensemble le plus étonnant qu'on puisse rencontrer.

La majeure partie, sinon la totalité, se compose de dévots exaltés, ignorants, ne sachant au juste ce qu'ils vont faire, et enrégimentés, conduits en troupeaux, par leur curé, voire même par leur évêque. Se joignent à eux, quelques curieux trouvant l'occasion de faire un voyage dans des conditions économiques.

Ces pèlerins arrivent par bandes, atteignant parfois, le nombre de deux mille, et offrent une déplorable apparence. Ils traversent les rues de Rome, une croix brodée sur la poitrine, des chapelets bénis, au cou ou à la ceinture. On les parque, à Saint-Pierre, entre des palissades en planches, dressées pour la circonstance. Il faut, quand ils sont partis, laver, balayer l'église et, plusieurs jours après, on retrouve encore le souvenir des émanations humaines qu'ils ont laissées. Mais on leur a fait chanter le cantique de « la France sauvée par le Sacré-Cœur » ; on leur

a fait crier « Vive le Pape-Roi! » la protestation
désirée est obtenue.

Le spectacle qu'offrent ces pèlerins et ces pèlerinages n'est rien moins qu'édifiant ; il n'a
aucun rapport avec la véritable piété ; il prête plus
à la raillerie qu'au respect. Cependant, tel qu'il
est, il désole les « Piémontais ». Les journaux
du gouvernement s'irritent, crient au scandale,
demandent que l'entrée de Rome soit interdite à
ces « mascarades », qu'on sévisse contre ces
pauvres diables de pèlerins dont le plus grand
nombre agit sans trop savoir.

Tels qu'ils sont, ces pèlerinages sont donc une
médiocre arme de combat ; mais ne pourrait-on
les perfectionner, leur donner meilleure apparence, plus aimable tournure ? faire passer et
repasser leurs longues files, non seulement au travers de Rome, mais encore au travers des grandes
villes qu'ils rencontrent en chemin ? Les prêtres
se chargeraient volontiers d'un tel soin, et sau-
raient s'en acquitter. Nulle crainte à avoir; nul
danger à courir. Comment sévir contre ces dévots
personnages, ces innocents qui viennent prier,
faire preuve de piété. Si le gouvernement voulait faire acte d'énergie ce serait bien une autre
affaire: de tous les pays catholiques s'élèverait
une protestation unanime contre l'atteinte portée

à la liberté de conscience. Que faire des gens arrêtés, car il faudrait en venir là. Les poursuivre ? On n'arrête pas, on ne poursuit pas deux mille individus. d'un coup. Les populations prendraient parti pour les pèlerins contre les carabiniers. contre les juntes municipales.

Les Italiens savent bien ce qui en est, quand ils organisent, à Trieste, à Trente, des processions commémoratives en l'honneur d'Oberdanck.

Dans bien d'autres questions. le mauvais vouloir de la France serait de nature à donner quelque tracas à l'Italie !

Le Pape est prisonnier au Vatican, prisonnier volontaire. en réalité, et non prisonnier du Roi, de Crispi, comme se l'imaginent nombre de bons et naïfs catholiques, comme le répètent nombre de gens de mauvaise foi. On appelle. volontiers. Humbert le geôlier du Pape. et cette injure irrite profondément le souverain, attriste la Reine.

La loi des garanties donne, au Pape, la propriété du palais et de la basilique de Saint-Jean de Latran. de Saint-Pierre, du Vatican, et des terres vaticanes. Le Pape est-il propriétaire ou souverain ? Ses droits ne sont pas nettement, clairement définis. Possède-t-il ces deux églises, ces deux palais, avec les droits du propriétaire sur sa maison, sur son champ? Pourrait-il les aliéner? Ou bien est-il souverain des biens pontificaux? La justice du royaume a-t-elle droit d'action dans les terres vaticanes? La police municipale a-t-elle droit d'accès dans la demeure du Souverain Pontife? C'est là une grave question dans laquelle le pour et le contre sont également faciles à soutenir. Si, par mauvaise fortune, un crime se commettait au Vatican, à qui appartiendrait le droit de justice? Au Pape ou au Roi?

Le Pape et le Roi sont, à ce sujet, d'un avis contraire.

Le Sacré-Collège ne veut pas reconnaître la loi de garantie, oubliant que la reconnaissance des lois est une obligation, et que laisser à chaque citoyen la latitude de se soustraire, à son gré, à l'application des lois qui le gênent, est contraire aux principes civils et religieux d'une société régulière.

Ainsi, tout récemment, le Souverain-Pontife a voulu soumettre à une rétribution les visiteurs des musées vaticans ; l'administration royale s'y est opposée, en vertu des lois de garantie. Le Pape a passé outre, la discussion est ouverte.

Les cardinaux saisissent, avec un extrême empressement, toute occasion qui se présente de créer des difficultés au gouvernement royal, de le tracasser. Au moindre prétexte, au moindre sujet à interprétation, ils entrent en campagne et entâment une série de querelles, de discussions insolubles.

Ils sont seuls, sans aide et sans appui. La France se désintéresse, l'Autriche laisse faire, l'Espagne ne peut rien. Cependant, malgré tout, le Roi et son gouvernement passent, parfois, des moments désagréables.

Que serait-ce, si, au lieu d'être isolé, abandonné, l'entourage du Pape, les Eminences, les Grandeurs, les Monsignori de toutes couleurs sentaient, à côté d'eux, une main assez puissante pour les soutenir, faire valoir leurs réclamations? Il suffirait d'engager, en termes mesurés, en termes diplomatiques, le gouvernement à tenir compte de la situation difficile du Saint-Siège, des égards que mérite un vieillard, le chef d'une religion qui compte cent-trente-neuf millions de fidèles.

Le gouvernement, dira-t-on, ne tiendrait nul compte de ces observations générales. C'est alors que la Papauté aurait beau jeu, criant à l'oppression, à la tyrannie! protestant contre des mesures odieuses, vexatoires. Tous les catholiques ne pousseraient qu'un cri, et ceux d'Italie crieraient plus fort que les autres. Et l'ami Guillaume, qui n'aime pas voir les questions religieuses irrévérencieusement traitées, inviterait son « cousin » à plus de modération.

De 1873 à 1885, pendant toute la durée du Kulturkampf, la Papauté n'a-t-elle pas tenu en échec l'Empereur d'Allemagne et son gouvernement. Malgré la loi de Mai, la loi des Evêques, Bismarck, le terrible Bismarck n'a pas été le plus fort.

Crispi sait bien ce qu'a de redoutable un tel danger, aussi recommandait-il instamment à ses amis politiques de France de ne pas lui faire de politique cléricale.

L'attitude de son Eminence le cardinal Lavigerie semble avoir, précisément, pour objet, de préparer une intervention française dans la question religieuse Italienne. La reconnaissance de la forme actuelle de notre gouvernement par le clergé, serait le début d'une entreprise qui amènerait la France à faire preuve d'un beau zèle en faveur du Saint-Siège, et à suivre une politique de nature à répondre aux procédés agressifs de l'Italie. Enfin, ces politiciens dont l'esprit est exempt de préjugés et dont les yeux voient loin, terminent, en manière de conclusion :

Les deux nations, la France et l'Italie, sont désunies ; les causes de cette désunion sont, ici, hors de propos; chacune rejette les torts sur l'autre. Les tentatives de rapprochement n'ont eu aucun succès, n'ont aucune chance d'aboutir. Les avances faites sont restées sans résultat, les sentiments de l'Italie, loin de s'amender à notre égard, vont lui faire renouveler, pour une seconde période, le traité de la triple alliance. La mésintelligence peut donc s'accentuer un peu plus, sans grand mal, et puisque les bons procédés sont sans effet, n'est-ce pas le moment d'en essayer de mauvais ?

Que l'Italie ne s'inquiète pas; une telle politique a peu de chances d'être acceptée en France !

IX

A la fin d'avril 1890, j'allai, à Rome, dans
les bureaux de la *Riforma*, remercier le rédacteur en chef, M. Primo-Levi, d'articles aimables
qu'il avait bien voulu, à diverses reprises, publier
dans son journal sur mes ouvrages.

Je venais de faire paraître une étude biogra-
phique sur Francesco Crispi. La presse italienne
avait, en général, été peu bienveillante à mon
égard. Elle s'était beaucoup occupée de mon travail, sans l'accueillir avec grande faveur. Comme
il arrive toujours, en pareil cas, les ennemis
du ministre trouvaient que j'en disais trop de
bien, ses amis jugeaient, au contraire, que je

n'en disais pas assez. Ce fut là le sujet de notre entretien.

Comme je me retirais, M. Primo-Levi me demanda si je n'irais pas voir M. Crispi : « Il me recevrait volontiers, dit-il, il désirait connaître son biographe. »

L'idée de cette entrevue ne m'était pas venue, me croyant trop mince personnage pour aller troubler et déranger un aussi puissant ministre.

M. Primo-Levi arrangea les choses, bien que, dès le début, elles aient paru se compliquer. J'étais obligé de partir le surlendemain et, précisément, le lendemain, avait lieu une importante séance du Sénat dans laquelle le président du Conseil devait prendre la parole, à propos des œuvres pies, je crois.

Pourtant, le lendemain, en rentrant chez moi. dans l'après-midi, je trouvai la carte de visite du Signor Achille Lanti, maestro di Casa di S. E. Crispi, me prevenant que je serais reçu par S. E. le même jour à six heures au palais Braschi (ministère de l'Intérieur).

Je venais de passer plusieurs mois à lire les discours politiques de M. Crispi, à m'initier à sa vie publique et privée, à recueillir tous les détails propres à le connaître et à le faire connaître. J'éprouvais un sentiment de curiosité, très vif et très naturel, de voir, de près, mon modèle et de juger la ressemblance du portrait que j'avais fait.

A l'heure dite, je me présentai au palais Braschi. Un huissier auquel je m'adressai en italien, me répondit en français très correct ; il était prévenu, et me faisant traverser une antichambre, m'introduisit dans une grande salle.

Fenêtres immenses, ébrasements profonds, corniche saillante, plafond à compartiments décorés de fresques : au centre, une grande peinture allégorique, avec des personnages dans des rinceaux ; sur les murs, des pilastres en stuc, formant des panneaux encadrés de grosses moulures : le classique salon des palais italiens. En face des fenêtres, une cheminée moderne et, se regardant, dans les côtés opposés, le portrait en pied de Victor-Emmanuel et celui de Humbert Ier ; l'ami Garibaldi manquait. Au milieu, une table longue et étroite, couverte d'un tapis en drap grenat. Dix fauteuils rangés, non autour mais d'un seul côté, et, en face, les dominant, un autre fauteuil plus riche, orné de broderies et de crépines d'or.

J'étais dans la salle du Conseil. Je n'eus pas le

temps de penser à tout ce que, depuis vingt-ans, avaient dû échanger de sottises, de mensonges, de paroles inutiles ou banales, les ministres assis sur ses sièges, à cette table autour de laquelle s'étaient agitées les destinées de la patrie.

Une porte s'ouvrit, je fis quelques pas et me trouvai en présence du grand homme.

Chemin faisant, j'avais préparé mon discours d'entrée ; mais dès le premier moment, j'en fus pour mes frais et ne trouvai pas à placer un mot en situation, tout simplement à cause de la surprise que j'éprouvai en voyant de près M. Crispi. Je me l'étais imaginé grand ; à la tribune, il semble de haute taille, et je me trouvais en présence d'un homme petit. L'effet de la surprise me le faisait, sans doute, paraître encore plus petit qu'il ne l'est réellement.

M. Crispi ne sembla ni surpris, ni mécontent de mon trouble ; il s'avisa, sans doute, de ce qu'avait de flatteur l'émotion produite par sa présence. Il vint à moi, la main tendue, le sourire aux lèvres.

Ses premières paroles furent pour me remercier de mon livre, de l'étude faite de sa personne, de son caractère public et privé. Mes sympathies manifestées en faveur de l'Italie le touchaient vivement. Il etait, d'autant plus sensible à de tels procédés que les journalistes français ne l'y avaient pas habitué.

Je m'étais remis assez promptement et répliquai, avec quelque vivacité, que nous n'avions pas non plus, en France, à nous louer outre mesure, de la bienveillance de nos confrères italiens.

La conversation commencée en Italien se continua en Français.

M. Crispi se mit à rire et, tous deux, nous tombâmes d'accord pour reconnaître que, de part et d'autre, journalistes français et journalistes italiens nuisaient beaucoup, par l'ardeur de leurs polémiques, à la bonne entente des deux nations. M. Crispi tint à établir que l'attitude des Français était plus aggressive que celle des Italiens. Il insista sur les caricatures de nos journaux illustrés, si blessantes pour les Italiens tandis que celles des journaux Italiens étaient toujours anodines.

Je me refusai à cette concession.

Pour bien se rendre compte des détails de la conversation qui va suivre, il est utile d'en prévenir le lecteur, peu de personnes acceptent la contradiction aussi facilement que M. Crispi, ne se prêtent de meilleure grâce, à la discussion, ne mettent leur interlocuteur plus promptement à l'aise. M. Crispi a de l'esprit, dans le sens que nous donnons, en France, à ce mot. De plus, il a une grande séduction de formes et de langage.

En finissant sa phrase, M. Crispi suivit la direction de notre regard et le vit arrêté sur une pile de journaux illustrés italiens. Le dernier représentait, en première page, un matelot de la marine royale emportant, sur ses épaules, le président Carnot et laissant, à sa place, un mannequin, avec la note explicative : « Ils ne s'apercevront pas du changement. » Il comprit et sourit :

— Ce n'est pas bien méchant.

— D'accord. Mais est-ce plus méchant de montrer Guillaume vidant la chope de Sa Majesté Humbert ou de représenter...

Il m'interrompit :

— Ou de me représenter avec trois cheveux plantés droits au milieu de la tête. Basse flatterie, du reste ; ces trois cheveux sont absents.

Et, passant sa main sur son crâne nu et luisant, il éclata de rire. d'un rire bruyant d'Italien méridional, qui n'avait rien d'officiel ni de diplomatique.

La conversation reprit plus sérieuse. Changeant de sujet. M. Crispi me félicita sur la façon dont j'avais compris et expliqué la transformation des grandes villes d'Italie, le développement donné aux travaux publics du royaume.

— On nous reproche, ajouta-t-il, d'avoir transformé Rome en chaos, d'y avoir amoncelé les ruines. Je voudrais que mes détracteurs aient vu, et puissent, comme moi, se rappeler ce qu'était Paris sous l'empire, de 1855 à 1860. Avant de faire de Paris ce qu'il est aujourd'hui, n'a-t-il pas fallu, d'abord, le démolir? Pourquoi nous refusez-vous le droit de faire ce que vous avez fait? Sous l'empire, la presse, le public réclamaient, sans cesse, contre les travaux de Paris; la génération actuelle profite des résultats, sans avoir eu à souffrir des moyens mis en œuvre. La progression de l'accroissement de Rome est constante; aucune raison ne peut faire craindre son interruption, et, par conséquent, dans huit ans, toutes les maisons, vides aujourd'hui, seront occupées : la ville sera, de nouveau, insuffisante, il faudra penser à construire encore. Ce n'est pas un temps bien long à attendre, vous voyez. Vous eussiez préféré nous voir suivre les procédés de votre Haussmann ; il n'eût tenu qu'à nous de le faire, si nous l'avions jugé bon, car, en 1875, il est venu, avec un banquier, Delahante, nous offrir ses services et nous l'avons éconduit.

Nous avons été très vite, mais non trop vite, car il fallait nous dépêcher, et la crise que nous traversons est une conséquence, non de manque de ressources, mais de cette hâte propre à notre caractère national. Pour aller plus vite, nous avons eu recours au crédit, aux sociétés financières; elles n'étaient pas assez solides et la crise a éclaté.

Ceci est si vrai qu'à Palerme où les travaux de transformation et d'agrandissement se sont exécutés à l'aide des ressources locales, argent comptant, ils n'ont été la cause d'aucun incident. Sauf le théâtre Victor-Emmanuel, tous les travaux sont achevés. Dans deux ou trois ans, du reste, les valeurs flottantes seront classées, les conséquences du krack effacées. Après la période d'agitation, viendra celle du calme et de la prospérité. Vous l'avez dit, vous-même, est-ce que la transformation de toutes les grandes capitales d'Europe n'a pas été accompagnée ou suivie d'une crise financière? Paris, Vienne, Berlin, ont subi une crise de cette nature; Rome et Naples n'y ont pas échappé.

Certes, cette conversation, ou plutôt ce mono-

logue était plein d'intérêt, et le développement
donné à un tel sujet excitait, au plus haut point,
notre attention. Mais mon entretien avec
M. Crispi ne pouvait avoir longue durée; il fallait donc le mettre à profit et j'avais hâte de voir
aborder d'autres questions qui me tenaient au
cœur.

A un moment, il me sembla deviner l'intention
de son Excellence, de noyer, dans un flot de
paroles, les interrogations indiscrètes qu'il pré-
voyait. Il parlait d'abondance, l'interrompre eut
été discourtois et, surtout, malaisé.

Pourtant, après que M. Crispi m'eut parlé de
son « palazzo » de Florence, de sa villa de Naples,
de sa manie de bâtir, il souffla un moment.
Bien vite, je mis à profit ce court instant
d'arrêt.

— Permettez-moi, Excellence, de vous adresser
une question sans employer la forme parlementaire et diplomatique : Êtes-vous notre ami ou
notre ennemi ?

Son excellence rit largement et, après un
temps :

— Vous allez droit au but et ne vous attardez
pas en chemin. La question m'étonne de votre
part, de vous qui, avec tant de bonne volonté,
avez pris soin de réunir et de citer toutes les

déclarations d'amitié faites par moi en faveur de votre pays.

— On prétend que je me suis égaré, que je n'ai pas toujours vu juste, et que vous n'avez pas, en toute occasion, mis vos actions d'accord avec vos paroles. Ma confiance a, paraît-il, dépassé ma clairvoyance.

Un nouveau temps assez long.

— Je suis votre ami. J'aime la France et lui suis tout dévoué.

Il me tendit la main et serra la mienne.

— Mais...

— Oh ! pas de mais, ce mais va tout gâter...

— Vous l'admettrez vous-même ; si j'aime la France, j'aime encore plus l'Italie.

— Je ne voudrais pas vous demander le contraire et je vous remercie. Je suis touché des sentiments que vous m'exprimez à l'égard de mon pays.

— Ne me remerciez pas, car cette sympathie, si je ne l'avais pas au fond du cœur, me serait imposée par une juste appréciation de nos intérêts. Pour être l'ennemi de la France, il faudrait que je sois *fou* ou *imbécile*. Or, laissez-moi vous dire, en dehors de toute idée d'amour-propre, que je ne suis ni l'un, ni l'autre.

J'acquiesçai d'un signe de tête.

— En dehors de ce qu'elle produit de grand, de beau, dans les arts, les sciences et les lettres; en dehors des idées de progrès, de perfectionnement moral qui nous viennent d'elle et que l'Europe lui emprunte, la France est, par elle-même, nécessaire à l'équilibre européen. L'Europe a besoin d'une France grande, prospère, et je serais le premier, dans mon intérêt, à défendre son intégrité, si elle était attaquée.

— Pourquoi ne l'avez vous pas fait en 1870? fis-je vivement, presque malgré moi.

— Vous le savez-bien, la chose nous était impossible. Et, pourtant, Victor-Emmanuel vous a fait des propositions qui n'ont pas été acceptées. Vous n'avez pas voulu évacuer Rome; mais nos amis ont suivi Garibaldi en France. Nous avons, dans la presse, mis en avant des idées de conciliation, proposé la neutralité de l'Alsace-Lorraine. Nous n'avons pas été compris : on nous a accusés de pousser au démembrement de la France.

Me voyant très ému, à ces souvenirs de 1870, M. Crispi me tendit, de nouveau, la main.

— Excusez-moi d'avoir éveillé en vous de si tristes pensées. Je sais, autant que personne, ce que les malheurs de la patrie causent de douleur au fond de l'âme d'un vrai patriote!

— Mais, maintenant, Excellence, l'Italie est forte et puissante ; que ne vient-elle à nous, au lieu de rester attachée à nos pires ennemis?

— Je ne suis pour rien, vous le savez, dans la triple alliance. Je l'ai trouvée toute faite.

— Dois-je en conclure que si l'Italie devenait libre de tout engagement, elle le sera bientôt, la France pourrait compter sur elle?

— Vous allez vite en besogne. Ne confondons pas l'ami et l'allié. L'amitié est basée sur les sentiments, l'alliance sur les intérêts : nous sommes les amis de la France, non ses alliés.

Je fis un Oh! acentué.

— Il y a une nuance, en effet, très sensible, même ; l'amitié dont vous parlez n'entraînera pas bien loin celui qui la ressent ; elle ne servira pas à grand'chose à celui qui en est l'objet.

— Des mille qualités que, vous autres Français, vous possédez, la plus précieuse est, sans contredit, l'imagination ; mais elle vous joue plus d'un mauvais tour, vous entraîne trop vite et trop loin. Vous ne savez pas lui résister ; par suite, vous faites volontiers du sentiment dans les affaires les plus positives, et vous vous étonnez de ne pas être suivis dans cette voie. La politique n'est pas une affaire de sentiment. c'est une solution des intérêts.

— La première phrase de votre excellence ne m'avait pas fait prévoir une telle conclusion. Je me suis toujours regardé comme un piètre politique. Le mensonge est, dit-on, permis en politique et le Français ment difficilement.

— Le mensonge n'est pas plus permis en politique qu'en aucun autre acte de la vie humaine. Je n'ai, pour ma part, jamais menti, pas même en politique. Je ne dis pas toujours tout ce que je pense, et il n'est pas, je crois, facile de me faire parler contre mon gré ; mais je ne dis jamais le contraire de ce que pense. Aussi, croyez-moi quand je vous affirme mes sympathies à l'égard de la France. Soyez-en assuré, nous ne vous attaquerons pas. Si vous nous attaquez, nous nous défendrons, et de notre mieux, je vous le promets ; mais, vous attaquer, nous n'y pensons pas. Puis, une bonne condition, pour vous, d'être craints et respectés, c'est votre force. Vous êtes forts et vous êtes prêts. Je suis bien renseigné, vous voyez.

Le sourire bonhomme des premiers instants était revenu.

— Alors, la paix est assurée entre nous. Quelles raisons aurions-nous de vous attaquer ?

— Vous venez de nous envoyer deux mille

pèlerins faisant leur entrée à Saint-Pierre, en criant : Vive le Pape-Roi ?

La tête du ministre oscilla avec un mouvement de colère, ses lèvres pincées disparaissaient sous ses moustaches.

— Le parti clérical et monarchique est encore puissant en France ; si une modification se produisait dans l'ordre de choses qui vous régit, vous en changez volontiers, et que ce parti arrivât au pouvoir, ce serait pour peu de temps, me direz-vous ; mais, pendant ce peu de temps, il devrait donner des gages à sa clientèle catholique, et ferait, à nos dépens, une intervention en faveur du Pape.

Puis, brusquement, trouvant, sans doute, le terrain difficile, il revint, sans transition, sur ses précédentes déclarations en faveur de la France :

— Malgré les appréhensions que peut nous donner l'attitude possible de la France, je serais le premier, le cas échéant, à prendre sa défense et cela, dans mon intérêt, bien entendu. Il ne faut donc pas m'en savoir gré. J'en ferais autant pour l'Autriche, si la Russie l'attaquait et je m'opposerais à un amoindrissement de son territoire ; elle est nécessaire pour tenir la Russie à distance.

— Je ne me suis jamais expliqué la crainte et l'antipathie que vous inspirait la Russie.

— Ce n'est ni crainte, ni antipathie ; mais un sentiment de prudence élémentaire. Nous redoutons de voir la Russie s'installer en face de nous, sur les bords de l'Adriatique. Un tel voisinage ne nous convient pas. La chose est facile à comprendre.

La conversation revint au Pape. M'en rapportant à certains propos qui ont couru à Rome, j'avais parlé de ses sorties, de ses promenades, entre Saint-Pierre et Saint-Jean de Latran. Je m'étais trompé, m'affirma M. Crispi :

— Le Pape est bien prisonnier, prisonnier volontaire, s'entend ; nous ne sommes pas ses geôliers. S'il sortait, ma police m'en informerait bien vite, et, s'il voulait sortir, je répondrais de sa sécurité.

— Si le Pape se montrait en public, le peuple romain tomberait à genoux, sur son passage ?

— C'est possible.

Je m'étais également trompé, paraît-il, sur le compte de S. M. la Reine, en l'accusant de sentiments anti-français.

— C'est, me dit M. Crispi, « una bravissima donna », une femme très honnête, très loyale.

Tout en causant, j'examinais mon interlocuteur et le cabinet de travail dans lequel je me trouvais.

Le cabinet de travail de S. E. M. le président du conseil, Ministre des affaires extérieures et intérieures, est, au palais Braschi, une pièce de dimensions moyennes, ressemblant à toutes les pièces officielles du même genre. Un petit bureau, devant la cheminée, un autre, très haut, pour travailler debout, dans l'embrasure d'une fenêtre. C'est près de ce dernier bureau qu'avait lieu notre entretien : M. Crispi appuyé d'un côté, moi de l'autre.

Souvent, en parlant, le ministre se livrait à une pantomime expressive, se courbant presque, prenant sa tête entre ses mains, la cachant dans ses bras croisés, la redressant brusquement, laissant sa figure changer d'expression à chaque minute; ayant, dans la voix, une volubilité extrême, une prodigieuse mobilité d'intonations. Il n'a pas la gravité froide, sèche, transmise au Sicilien par l'Arabe et le Grec : il a pris, du Napolitain, la vivacité d'allures, l'entrain de la parole. Ses mains sont fortes, pleines de volonté et d'énergie, les serrements en sont expressifs; il les offre, volontiers, et garde pressée la main qu'il vient de saisir.

M. Crispi était vêtu d'une redingote noire, à revers de soie ; sa cravate blanche semblait froissée : il sortait, il est vrai, d'une séance du sénat durant laquelle il avait soutenu, seul, le poids d'une pénible et interminable discussion, parlant pendant trois heures ; il n'y paraissait, certes, pas.

Son regard est d'une extrême vivacité ; il prend, parfois, une expression bonhomme dont il doit être prudent de se méfier. Ses gestes sont enveloppants, sa voix est chaude, vibrante ; l'accent italien lui donne un charme particulier.

Quand on regarde cet homme, on se fait illusion sur son âge ; il faut se rappeler ce qu'il a produit, se rappeler ce qu'a été sa vie, pour faire le compte de ses années, et, alors, on admire ce qu'il est encore ; on s'étonne de la force physique et morale dont il est doué.

Il me sembla que l'entretien ne devait pas se prolonger outre mesure, et je gagnai la porte.

Nous allions nous séparer. Une dernière fois, je regardai M. Crispi : au lieu de l'air bonhomme que, depuis le commencement de l'entrevue, j'avais vu dans ses yeux, dans le sourire de ses lèvres, je vis une expression tout autre, semblant dire, en employant une locution triviale mais expressive : « Encore un de roulé ! »

M. Crispi me tenait toujours la main, me faisant des offres de service, se mettant à ma disposition pour m'être utile ou agréable, m'engageant à user de lui, « sans façon ».

Je le remerciais, quand il ajouta :

— Et surtout, pas de politique cléricale.

J'avais, tout à la fois, sur le cœur, la subtile distinction entre l'ami et l'allié, et le sourire que je venais de surprendre. A ces mots : « pas de politique cléricale, » je m'arrêtai dans ma retraite et, me retournant :

— Permettez, Excellence, la politique n'est pas une affaire de sentiment, c'est une lutte d'intérêts, vous l'avez dit, vous-même, tout à l'heure. Pourquoi ne vous ferions-nous pas de politique cléricale, si une politique de cette nature devait nous être profitable ?

— La France n'est pas cléricale.

— D'accord. Bien que le parti clérical et réactionnaire ne soit pas, cependant, une quantité négligeable. Mais il ne s'agit pas ici d'une politique favorable à nos idée et à nos convictions, il s'agit d'une politique favorable à nos intérêts. Sans même admettre la possibilité d'une modification quelconque dans l'ordre actuel des choses, en France, je prends celui qui existe tel qu'il est, et puisque l'Italie est notre amie et l'alliée de nos ennemis, pourquoi, de notre côté, ne serions-nous pas son amie, tout en devenant l'alliée de ses ennemis?

Une lutte entre les deux peuples serait une guerre civile, une guerre fratricide : elle est invraisemblable..... cependant, elle est admissible : vous la prévoyez et faites en sorte de ne pas être pris au dépourvu. Nous aurions, en ce cas, un grand intérêt à diminuer vos forces, à jeter le trouble dans votre organisation intérieure, à vous retenir au dedans, pendant que vous seriez appelés au dehors. Ce serait là le rôle de nos alliés.

— Comment cela? Quels alliés?

— Les cléricaux. Leur concours ne serait-il pas, en telle occurrence, un excellent, je ne dis pas le meilleur, dérivatif à employer. Ne serait-ce pas adroit et permis, de notre part, de promettre au Saint-Père notre appui, de le soutenir dans une résistance passive à laquelle, mieux que personne, vous le savez disposé. Il gênerait vos élections, vous accablerait de réclamations, de protestations, troublerait les consciences, inquiéterait le Roi, la Reine, refuserait d'implorer, pour vous, le Dieu des armées, vous encombrerait de pèlerins criant : Vive le Pape-Roi !

M. Crispi riait :

— Et la police !

— Vous avez le droit de vous opposer aux manifestations dans la rue ; mais comment pénétreriez-vous à Saint-Pierre, dans le Vatican ? Vous avez la loi des garanties. Vous regarderiez à deux fois, avant de mettre aux prises les catholiques et les carabiniers. Ces braves tiennent à leur salut éternel et une collision entre eux et de fervents fidèles vous causerait un terrible embarras. Quelle excitation dans les consciences ! Je ne parle pas de bien d'autres expédients de mauvais aloi, bons à vous faire échec. Nous ferions de l'irrédentisme à notre façon.

M. Crispi riait de plus belle.

— Vous êtes député ?

— Que Votre Excellence se rassure, je ne suis pas député et n'ai aucune chance de devenir ministre des affaires étrangères !

Je ne dirai pas par quelle banalité aimable M. Crispi prit congé, m'assurant qu'il aurait grand plaisir à s'entretenir de nouveau avec moi. Un moment après, j'étais sur la place Navone, rentrant chez moi, en hâte, pour prendre note de ce que je venais d'entendre.

X

**Guillaume II, Empereur d'Allemagne. — Humbert Ier
Roi d'Italie, à Monza, 22 octobre 1889.**

Le Roi d'Italie apprenant que l'Empereur d'Allemagne devait assister au mariage de sa sœur, la princesse Sophie, avec le duc de Sparte, héritier de la couronne de Grèce, l'invita à passer par l'Italie, pour se rendre à Athènes. Le Roi irait recevoir l'Empereur à sa résidence royale de Monza, près Milan. Ce repos éviterait à l'Impératrice les fatigues d'un long voyage fait d'une traite.

L'Empereur accepta. Il allait se mettre en route, quand survint la mort du Roi de Portugal, beau-frère du Roi d'Italie. Jugeant qu'en présence de ce deuil, le projet de réunion devait être ajourné, il se dégagea.

Le Roi insista, s'excusant, toutefois, de ne pouvoir, en raison des circonstances, recevoir ses hôtes comme il eût voulu le faire, et donner les fêtes préparées en leur honneur.

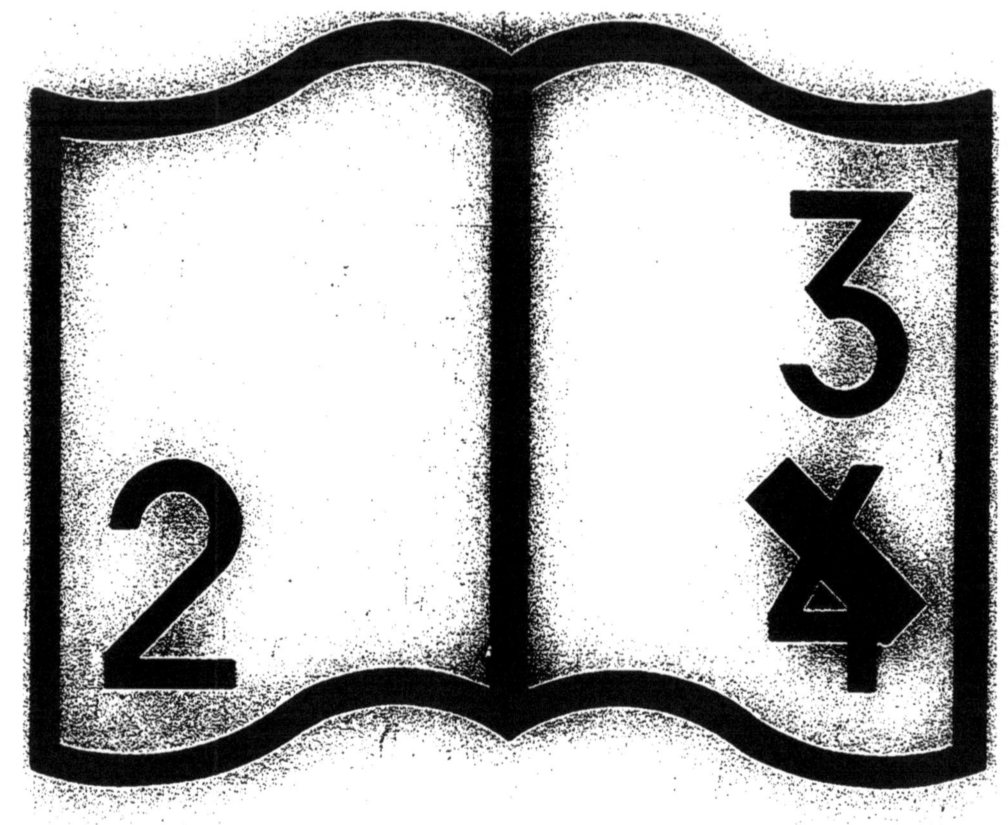

Pagination incorrecte — date incorrecte

NF Z 43-120-12

L'Empereur céda. Les grandes chancelleries, les cercles politiques, bien informés, s'émurent, présageant la portée d'un tel voyage, indiquant les questions qu'allaient examiner les deux souverains, les résolutions qu'ils allaient prendre : L'Europe entière s'inquiéta et frémit.

Guillaume II arriva avec l'Impératrice, le 21 Octobre. Le temps était affreux, la pluie tombait par torrents. Les hauts et puissants personnages eurent comme unique distraction, le plaisir de regarder l'eau tomber du ciel et ruisseler sur les glaces des fenêtres.

Ce premier jour fut long. Le lendemain, un mardi, ne s'annonça pas mieux. Pourtant, dans l'après-midi, il y eut un instant d'accalmie ; les voitures reçurent l'ordre d'avancer. Puis, l'Empereur, changeaut d'avis, déclara préférer faire une promenade à pied.

On apprit plus tard, par un aide de camp, que l'aspect des laquais et des cochers, enveloppés dans leurs manteaux de caoutchouc, avait choqué l'Empereur. Sa Majesté Impériale ne jugeant pas correct de voir des domestiques se garer de la pluie, comme leurs maîtres pouvaient le faire.

Humbert et Guillaume descendirent les degrés du château du côté des jardins, s'engagèrent dans l'allée centrale pavée, et restée praticable, malgré la pluie. Les aides de camp suivaient à distance respectueuse.

Au milieu de l'allée, un ouvrier jardinier balayait les feuilles mortes, abrité sous un parapluie. Ce parapluie, fixé à son dos et à sa ceinture, lui laissait les bras libres.

L'Empereur s'approcha, regarda l'appareil appliqué sur les épaules du brave homme, s'étonnant de voir tant de précautions prises pour ne pas se mouiller.

Les deux Souverains marchaient côte à côte, l'Empereur se taisait et le Roi ne disait rien ; le premier ne parlant pas italien, le second ne parlant pas allemand, il leur fallait converser en français, la vivacité des réparties s'en ressentait.

— Quel temps exécrable, fit l'Empereur.

— Meilleur que celui d'hier, cependant.

— Oui, hier il était pire encore.

— La mauvaise saison approche.

— Elle ne dure pas longtemps, en Italie?

— Le mois d'Octobre est parfois désagréable en Lombardie, ainsi que le mois de Mars. Le plus souvent, ils sont pluvieux.

— Sans parler des vents.

— Des vents d'Est, froids, insupportables.

— Ah !

— Votre Majesté trouvera le soleil, en Grèce.

— Il faut l'espérer.

— Ce gros nuage noir va encore nous amener de la pluie.

— C'est à craindre.

— Rien à faire.

— Non. Rien.

Le silence reprit.

Un officier d'ordonnance accourant remet une dépêche au Roi. Celui-ci l'ouvre et s'adressant à l'Empereur :

— Une dépêche de ma sœur, la Reine de Portugal.

— Quelles nouvelles?

— Bonnes. La proclamation du nouveau Roi s'est faite sans incidents. Les événements suivent une marche régulière.

Un coup de vent chassa le gros nuage et laissa apercevoir la ligne blanche des Alpes qui se détachait vaguement sur le ciel embruiné.

— Que font-ils, là-bas, de l'autre côté?

Et, du bout de sa canne, l'Empereur montrait les Alpes.

— Hum!

— La garnison de Monza est forte?

— Une brigade : le 3ᵉ régiment de bersaglieri

le 2ᵉ chasseurs et une demi-batterie. Les chasseurs servent pour les escortes, l'artillerie pour les saluts d'honneur.

— Les casernes sont loin ?

— Non. Au delà de la cathédrale, dans la rue d'Italie.

— Est-ce signe de beau temps, quand les montagnes se découvrent ainsi ?

— Au printemps, oui. Dans cette saison, c'est au contraire le présage d'un coup de vent d'Est : froid et pluie.

— C'est la Lombro, qu'on aperçoit là, en bas.

— Oui, à travers les arbres.

— Voilà la pluie qui reprend.

Et, par suite de l'humidité, l'Empereur, éprouvant sans doute, une impression douloureuse à son bras droit, infirme, demanda à rentrer.

Les deux Souverains reprirent la direction du château. Sur le point d'arriver, l'Empereur s'arrêtant, regarda fixement le Roi, de son regard vague, flottant :

— Schlœzer [1] m'a fait part du désir de Votre

---

[1] Ministre d'Allemagne près de Saint-Siège, ami de l'Empereur.

M. de Schlœzer, économe comme son « auguste maître » se rend, en omnibus, aux audiences du Vatican.

Majesté de ne pas voir le 2ᵉ régiment de chasseurs, dont Votre Majesté est colonel, aller tenir garnison à Strasbourg. J'avais compris le sentiment qui, à Berlin, vous a fait refuser de m'accompagner à Strasbourg. Déjà les ordres sont donnés. Votre ami Crispi sera content. Et, après un moment : Ne le verra-t-on pas ?

— Il est retenu à Rome. Votre Majesté n'avait pas exprimé le désir de le voir ; sans cela, il se fût empressé.

— Penser que cet ancien ennemi des Rois, ce fabricant de bombes, cet exterminateur des tyrans est devenu premier Ministre d'un gouvernement monarchique, que vous l'avez choisi !

— Oh ! choisi !... fit simplement le Roi[1].

La soirée, au château, manqua d'entrain. La Reine ne sait pas un mot d'Allemand ; l'Impératrice ne parle, ni ne comprend l'Italien. Reste le Français : celui de l'Impératrice est mitigé.

[1] Si d'aventure, un lecteur s'inquiétait de la façon dont ce dialogue et ceux qui font l'objet des chapitres suivants, ont pu nous parvenir ; nous lui répondrions que, de tous les dialogues célèbres, depuis celui de Dieu le père et de Moïse, sur le Mont Sinaï, pas un n'est demeuré un mystère. Auprès de tout personnage, si grand qu'il soit, se trouve toujours un confident ou un indiscret, c'est souvent tout un. Sans compter que des deux personnes qui s'entretiennent, l'une, au moins, ne sait pas toujours se taire.

quand elle le parle. Quand elle l'écoute, elle fait toujours répéter deux ou trois fois les phrases.

La conversation languit donc entre les deux Souveraines ; d'autant plus que l'Impératrice a toujours sur le cœur l'épithète de « mère-gigogne » dont, raillant sa fécondité, la Reine la gratifie avec ses intimes.

Quant à l'Empereur et au Roi, ils étudièrent consciencieusement, sur un *orario uffiziale* l'itinéraire que Guillaume devait suivre, le lendemain.

Puis, mis en goût par cette distraction géographique, ils se firent apporter une carte d'Europe et se livrèrent à ce jeu enfantin, si en faveur chez les diplomates et les têtes couronnées : la modification et la rectification de la carte d'Europe, suivant les besoins, les aspirations ou les désirs de chacun.

L'Italie prendrait Trieste et le Trentin, proposait l'Empereur, l'Autriche recevrait, en compensation, la Bosnie et l'Herzégovine.

— Et l'Allemagne ? demanda courtoisement le Roi.

— L'Allemagne n'a rien à demander... en ce moment. Elle va recevoir, pacifiquement, le gage d'une précieuse alliance ; l'Angleterre lui cède l'île d'Heligoland. C'est, même, chose faite, et j'ai l'honneur de l'annoncer à Votre Majesté. Le vote du parlement Anglais, à ce sujet, est assuré.

Heureusement que, pour finir, il y eut un incident gai.

La soirée s'avançait; les Souverains, abandonnant leur carte d'Europe couverte des traits rouges et bleus grâce auxquels ils avaient modifié empires et royaumes, se reposaient de leur rude labeur.

L'Empereur, à demi étendu sur un fauteuil, la main gauche dans sa poche, pensait. Et de Sa Majesté les courtisans imitaient le silence et le recueillement. Silence tel qu'on percevait nettement le bruit des pièces de monnaie que le puissant Empereur comptait entre ses doigts, au fond de sa poche. Peut-être calculait-il, avec quelque regret, combien de ces marks devaient, le lendemain, trouver leur emploi en largesses obligées auprès des gens de service. Sa Majesté se leva un peu brusquement, les pièces s'échappèrent et quelques-unes, roulant sur le tapis, montrèrent, à la clarté des lampes, le reflet jaune et scintillant des pièces de vingt marks.

Le marquis de Pallanza, chambellan de service, se trouvait là, auprès du roi. Il s'empressa, cherextcha par terre, ramassa trois pièces et, souriant en faisant un profond salut, les déposa sur une table devant l'Empereur.

L'Empereur avait suivi l'opération avec une vive attention. Il se rassit, approcha son siège de la table et sortit, de sa poche, les pièces d'or qui s'y trouvaient. Il les compta avec soin, sans se hâter, à mi-voix.

Après un moment, il fit un nouveau compte et s'écria : « Il en manque encore une ! »

Le chambellan se précipita, de nouveau, face contre terre, cherchant à droite et à gauche. aidé par les aides de camp qui remuaient les meubles. Enfin, il se redressa n'ayant rien trouvé.

— Je suis, pourtant, bien sûr qu'il me manque une pièce, insista l'Empereur, toujours occupé à compter et recompter.

—A moins que Votre Majesté ne suppose que je l'ai gardée, répliqua vertement le marquis. je ne sais... Un signe du Roi lui imposa silence.

Le respect empêcha les assistants de rire. Ils se dédommagèrent un peu plus tard.

Les quatre Souverains se séparèrent, le lendemain : l'Empereur. comme d'habitude, promettant un prompt retour, le Roi espérant que la réalisation de cette promesse se ferait attendre.

L'Europe, désormais débarrassée d'un noir souci, respira.

XI

M. Francesco Crispi chez Sa Majesté Humbert Ier
(5 août 1887)

Depretis, le vieux de Stradella, est mort le 29 juillet. La nation a pris le deuil. Le ministère a donné sa démission. Les séances du parlement ont été suspendues. Députés et sénateurs attendent le moment où le Roi faisant trêve à son chagrin, chargera l'un deux du soin de composer un nouveau ministère. Sa Majesté ne se hâte pas. Hésitant, le Roi, dit-on, a d'abord, ajourné toute solution après les funérailles de l'ami perdu. Mais ces funérailles ont eu lieu depuis deux jours, le Souverain n'a pas encore pris de parti, rien n'a transpiré au dehors de ses intentions.

L'opinion publique, la presse, la majorité du parlement sont, par une unanimité touchante autant que rare, d'avis de proposer, au choix du monarque, comme chef du futur cabinet, Francesco Crispi, député de Palerme, ministre de l'intérieur, dans le ministère précédent.

Rome inquiète, s'étonne du retard mis par le Roi à désigner celui qui, sous ses ordres, doit gouverner la nation. Des groupes se forment sur toutes les places, commentant les événements, attendant les nouvelles.

Le Roi est dans son palais. Les portes du Quirinal sont fermées. Sa Majesté ne voit personne.

Lui, Francesco Crispi, attend, se recueille. Depuis plusieurs jours, déjà, il n'a pas paru au Monte-Citorio, pensant à chaque instant, être appelé par le message royal qui confiera à son dévouement les rênes de l'Etat.

La journée s'est écoulée comme les précédentes, la soirée s'avance, et rien, rien encore.

Crispi est dans son appartement de la Via Gregoriana, seul, au fond de son cabinet, fatigué, énervé par l'attente, par l'idée fixe qui l'absorbe et étreint son cerveau.

Il s'approche d'une fenêtre. La chaleur du soir est lourde, aussi suffocante que celle du jour. A peine un souffle d'air agite-t-il les pauvres arbres rabougris du jardin. Un massif de géraniums rouges remplit l'atmosphère de l'âcre parfum de ses fleurs. Un gros chat blanc traverse une allée, s'assied et regarde en haut. Un instant le ministre s'oublie et le suit des yeux.

La porte s'ouvre et *il cavaliere* Achille Lanti, *maestro di casa di Sua Excellenza*, introduit le capitaine Sanfredo, officier d'ordonnance du Roi.

Sa Majesté désire conférer avec Son Excellence de la situation politique et de l'attitude du parlement, et comme Sanfredo, mal renseigné, au lieu de venir directement Via Gregoriana, à l'appartement privé du ministre de l'intérieur, s'est adressé au palais Braschi, il se permet de demander à Son Excellence si elle peut se hâter, afin d'éviter à Sa Majesté d'être obligée d'attendre.

Une fois le messager royal éloigné, Crispi rassemble quelques papiers épars sur son bureau, et ne voulant pas emporter de portefeuille, il ne se regardait plus comme ministre, les met dans sa poche et s'éloigne.

Il descend la Via Gregoriana, la Via di due Macelli, arrive Via del Tritone. La nuit venait, il était à pied. A la lueur des becs de gaz qui s'allumaient, il aperçoit ses bottes ternies, malpropres. Il avait, en rentrant du ministère, été éclaboussé par une lance d'arrosage. Il s'arrête un moment, voulant retourner sur ses pas ; puis il fait un grand geste et continue sa route. A quoi bon ! pense-t-il la démocratie fait, ce soir, son entrée au Palais-Royal ; il n'est pas mauvais qu'elle y entre les pieds crottés.

Le Roi attendait Crispi.

Le cabinet Royal est situé au premier étage du palais, à l'angle de la cour intérieure et des jardins.

En haut de l'escalier, un vestibule, le salon des aides de camp, deux salons d'attente donnant accès à la fois, à la salle du conseil et au cabinet qu'une longue galerie vitrée relie aux appartements.

Ce cabinet est une pièce aux grandes dimensions, à l'apparence imposante. Les parements de ses murs sont revêtus d'une décoration en stuc et marbres de couleur avec une ordonnance architecturale qui supporte un plafond à caissons dorés. Au centre, une allégorie peinte à fresque : Grégoire XVI reçu au séjour des bienheureux. Dans les angles, d'énormes écussons aux armes pontificales. Sur les panneaux, les portraits de Charles-Albert, de Victor-Emmanuel, et un plus petit, du Prince de Naples. Des cartes de géographie enroulées et mises en mouvement par un ressort. Un bureau très large formé de deux tables accolées. Plus loin, contre le mur, une autre table très haute, sorte d'étagère couverte de papiers rangés avec le plus grand ordre. Sur le bureau de travail, un encrier de cristal fort simple, des livres, des coupures de journaux collées sur des cartons, une collection de photographies prises à Massaouah ; et enfin, encadrés ou plutôt collés sur un écran en verre, au coin de la cheminée, les portraits, photographies, de tous les membres de la famille royale. Pas d'autre portrait de la Reine qu'une très belle photographie coloriée, suspendue au milieu de la glace de la cheminée.

Le Roi assis devant son bureau, détourna légèrement son fauteuil, à l'arrivée de son ministre, le salua de la main sans la lui tendre et, tout de suite, entra en matière, en homme pressé d'en finir avec une tâche difficile.

L'Italie venait de perdre un de ses plus illustres enfants, le Roi avait perdu son ami, la dynastie son plus ferme soutien. Remplacer Deprétis n'était pas possible, lui trouver un successeur était la tâche à laquelle s'employait le Roi. Il avait, par respect pour la mémoire du grand homme, éloigné ce moment le plus possible ; à présent, l'heure était venue. Le pays, le parlement, les ministres qui par dévouement, avaient conservé leur portefeuille, réclamaient une solution. Le Roi demandait à Crispi, d'assumer la lourde charge du pouvoir. Avant de s'engager plus loin, avant d'entrer dans l'examen des détails, le Roi voulait connaître l'avis du futur président du conseil, ministre des affaires extérieures, sur deux points les plus importants de la politique étrangère actuelle. Il désirerait que son ministre fut d'accord avec lui sur la triple alliance entre l'Italie, l'Autriche et l'Allemagne et le traité de commerce de l'Italie avec la France.

Crispi ne céda pas au violent désir qu'il éprouvait de relever le côté blessant de la supposition du Roi sur l'impossibilité de trouver, à Depretis, un successeur et non un remplaçant. Il savait le Roi coutumier de sorties de ce genre. Par expérience, il connaissait les efforts, la patience, qu'il faut déployer pour obtenir le plus simple avantage. Il préféra paraître ne pas avoir entendu et, renchérissant sur les éloges accordés au grand Depretis, aux regrets que causait, à la nation entière, la mort d'un tel homme, il parla, sans hésiter, en homme sûr de lui, sachant bien ce que le Roi désirait entendre.

« La triple alliance, au point de vue Allemand et Autrichien, n'a subi aucune transformation, aucune phase nouvelle. Nul incident ne s'est produit qui soit de nature à en modifier les conditions et le mode d'application. Par suite. les choses doivent, de ce côté. continuer à suivre leur cours, à aller comme elles vont depuis le jour où l'Italie, devenue grande puissance, est de plain-pied, entrée, avec son Roi. dans l'alliance des Empereurs.

« Au point de vue Français et Italien. la triple alliance est, malheureusement, devenue, de plus en plus, une cause de mésintelligence entre les deux pays, de méfiance à notre égard. La France est l'amie naturelle de l'Italie. que ne peut-elle être son alliée ! Les intérêts des deux pays ne sont pas, actuellement, les mêmes : ils les séparent. au moins pour un temps.

Mes sentiments personnels pour la France sont connus. Je ne les ai jamais cachés, même à une époque où il y avait un certain courage à les mettre au grand jour. Je rends justice à ses mérites, à ses vertus, et, même en restant fidèle à la triple alliance, j'ai la conscience de lui être utile. Je voudrais lui persuader et, comme ministre, ce sera l'objet de mes constants efforts que la triple alliance la sert au lieu de lui nuire. »

Le Roi fit un mouvement.

« Sans la triple alliance, continua Crispi, sans

l'appréhension de voir contre elle l'Italie et l'Autriche, en même temps que l'Allemagne, la France aurait, depuis longtemps, déjà, songé à ce qu'elle appelle la revanche, elle fût entrée en campagne. Elle n'était pas prête, elle aurait été exposée à une défaite.

« La perspective d'avoir à lutter, à la fois, contre trois adversaires redoutables l'a retenue ; elle s'est résolue à attendre, se préparant en silence. Sa situation intérieure s'en est ressentie ; elle a obtenu le calme nécessaire pour consolider ses nouvelles institutions, à tel point qu'elle peut, en paix, aujourd'hui, se préparer à la célébration du centenaire de 1789.

« Les vrais amis de la France, ceux qui ne se laissent pas entraîner par une dangereuse sentimentalité et comprennent ses intérêts, doivent donc souhaiter le maintien de la triple alliance. Il faudrait l'inventer, si elle n'existait pas. Elle a rendu la France prospère ; elle est un gage de paix pour l'Europe. »

Cette manière d'envisager la triple alliance au point de vue des intérêts Français amena un semblant de sourire sur les lèvres du Roi. Il redoutait, en confiant le pouvoir à Crispi, de voir s'accuser chez lui des sympathies qui eussent gêné sa politique et amené sa modification. Ses craintes se dissipaient ; un gros souci lui était épargné, il en savait gré à son futur ministre.

Cette première question vidée à sa satisfaction, restait la seconde. Elle n'était pas moins grave. Qu'allait dire Crispi du traité de commerce ?

« Le traité de commerce existant entre la France et l'Italie a été dénoncé, par nous, le 3 novembre 1881, la veille du jour où il devait être dénoncé par la France. Les ministres, alors aux affaires, ayant la confiance de Votre Majesté ont trahi cette confiance ; ils se sont trompés. Ils ont, pour une satisfaction vaniteuse, commis une faute que j'aurais toujours su éviter, Votre Majesté peut en être convaincue. Vos ministres ont pris, pour l'Italie, le mauvais rôle ; ils ont donné le beau rôle à la France. Depuis, les intérêts des deux pays ont souffert. L'application des tarifs différentiels a compliqué et aggravé la situation. L'Italie, prenant une heureuse initiative, devrait être la première à abolir ces tarifs. Je le ferais, sans hésiter, le jour où j'en aurais le pouvoir. La France nous imiterait, peut-être ; les relations commerciales en deviendraient moins difficiles. Quant à voir, dès à présent, les échanges entre les deux pays reprendre leur activité, c'est un espoir auquel il faut renoncer. La

France ne nous achète plus nos produits ; elle nous suppose, de ce fait, des pertes irrémédiables ; elle compte nous amener à composition et s'abuse au point de se refuser à toute concession. Elle se trompe.

« Si nous ne vendons plus à la France, nous vendons ailleurs. La Suisse, la Grèce, l'Autriche, l'Angleterre, même, ont leurs marchés pleins de produits italiens. Nos vins, exportés en Espagne, entrent à Cette et s'écoulent en France. Nous n'achetons plus rien à la France, et, de ce chef, sa perte est absolue. Son commerce en éprouve un malaise dont il sera long à se remettre ; elle nous en impute, à tort, la responsabilité. Des deux côtés, les griefs sont semblables, les torts sont égaux. Le temps, seul, pourra arranger les choses. En cette affaire, Sire, votre gouvernement n'aura qu'à attendre.

« Une troisième question de politique extérieure que Votre Majesté me permettra de traiter est celle de Tunis. Les Français y sont, ils y resteront ; c'est là une phrase d'une fréquente application dans la politique moderne. Il eût mieux valu, semble-t-il, ne pas les laisser y aller. Mes honorables prédécesseurs ont eu, sans doute, d'excellentes raisons pour agir comme ils l'ont fait. Ces raisons m'échappent. Si, à notre grand détriment,

les Français sont en Tunisie, il ne faut pas
cependant regarder cette situation comme défi-
nitive. Si ce protectorat se changeait en annexion,
nous devrions nous assurer une compensation
en Tripolitaine. Nous ne pouvons renoncer à
aller, un jour, là où sont allés nos pères. Nous
ne devons pas déclarer la guerre à la France. Je
ne serai jamais le provocateur d'une lutte fratricide entre les deux nations sœurs ; mais si la
Providence nous imposait cette épreuve, il faut
être prêts à la voir tourner à notre avantage.

« Si la France nous attaque, nous devons être
en mesure de, tout à la fois, la repousser sur
les Alpes et l'attaquer en Algérie. La Tunisie
serait notre première étape. Il nous faut donc
concentrer des moyens d'action en Sicile et à
Tarente, faire, de la petite île Pentellaria, un
point redoutable par la concentration des hommes
et du matériel, et nous montrer si bien préparés
à nous défendre, qu'on redoute de nous attaquer.

« Votre Majesté me permettra d'ajouter un
dernier mot. Elle a, au début de notre entretien,
parlé de l'affection de Depretis pour le Roi, et
son dévouement pour sa glorieuse dynastie, ce
ne sont pas des sentiments dont il doive être
regardé comme ayant l'apanage exclusif.

« Laissez-moi vous le rappeler, Sire, en 1860,

je prenais part, revêtu de la chemise rouge, à l'expédition des dix mille, je proclamais l'annexion de la Sicile au Piémont, en inscrivant, sur mon drapeau, l'Italie et Victor-Emmanuel. Depuis, je ne me suis pas contenté de prouver mon dévouement à la dynastie, j'ai prouvé mon respectueux attachement au Roi qui est à sa tête, au Prince destiné à lui succéder sur le trône. Si Votre Majesté daigne m'honorer d'une part de l'amitié qu'elle témoignait à l'illustre Depretis, elle verra que j'en suis digne et que sa confiance est bien placée. »

Il y eut un court silence. Le Roi tendit la main à son ministre et lui demanda de s'entendre avec ceux de ses collègues au concours desquels il croyait devoir faire appel, pour composer le futur cabinet.

Crispi, sans se troubler, tira de sa poche les papiers pris sur son bureau, au moment de sa sortie, en déplia un légèrement froissé : c'était la liste des nouveaux ministres et le projet de décret à soumettre au Roi.

— Vous étiez prêt d'avance. D'avance, vous étiez, à ce point, assuré de notre accord? fit le Roi, avec une nuance de surprise mécontente.

— Mon éloignement du pouvoir, en ce moment, eût été l'occasion de troubles déplorables. J'aurais été impuissant à les réprimer. Votre Majesté est trop bien renseignée, elle a le jugement trop sûr, pour ne pas connaître la situation parlementaire et politique, pour ignorer les complications auxquelles je fais allusion. Aussi étais-je assuré du parti qu'elle prendrait.

A cette réponse, qui sonnait si fièrement sous sa feinte humilité, le Roi éprouva un léger froncement des sourcils. Il lui semblait entendre une menace. Que fût-il donc advenu, s'il n'eût été satisfait des déclarations de Crispi, s'il eût fait appel à un autre?

Humbert Ier possède un grand empire sur lui. C'est une habitude contractée dès l'enfance, à l'époque où, sans mot dire, il recevait les rudes semonces paternelles. Il feignit de s'absorber à l'examen de la liste des nouveaux ministres; après l'avoir lue une première fois, il la relut une seconde.

Crispi, dans cette attribution des portefeuilles s'était réservé la présidence du conseil, le ministère de l'intérieur et le ministère des affaires extérieures. Il avait pressenti que ce serait là une cause d'hésitation de la part du Roi, et il attendait.

— Ne craignez-vous pas, fit enfin le Roi, de

froisser vos nouveaux collègues, en vous réservant les deux plus importants ministères politiques, l'intérieur et l'extérieur? Vous aurez autant de puissance que le Souverain, vous en aurez plus qu'aucun ministre; n'est-ce pas contraire au principe parlementaire? Ne vous exposez-vous pas, dès le début, à une interpellation dans l'une des deux chambres?

— Je suis, Sire, d'accord avec mes collègues du cabinet et de la chambre. Ils sont, comme moi, convaincus qu'en ce moment, les mêmes mains doivent diriger les affaires intérieures et extérieures, qu'à ce prix, seulement, il sera possible d'assurer, à l'Italie, la prospérité chez elle et la grandeur au dehors. Votre Majesté est juge de l'opportunité d'une telle mesure ; si, dans sa profonde sagesse, elle décide de ne pas approuver nos efforts, nous nous inclinerons respectueusement devant sa volonté, devant son désir.

— Quel portefeuille garderiez-vous, en ce cas, et quel serait votre successeur pour le portefeuille auquel vous renonceriez?

— La combinaison soumise à Votre Majesté serait, si elle lui déplaisait dans un de ses détails, abandonnée dans son ensemble. Mes collègues et moi n'étant plus en complète communion d'idées avec Votre Majesté, nous nous retirerions.

Il fallait donc tout prendre ou tout refuser. En un instant, le Roi vit, de nouveau, ouverte la crise ministérielle qu'il avait crue terminée. Il eut la vision des troubles populaires, Crispi, tout à l'heure, ne l'avait-il pas évoquée comme une menace. Des complications remplaçaient le calme espéré; sans plus hésiter, il prit la plume et signa.

A ce moment, un léger bruit, froissement d'étoffe, pas étouffés sur un tapis, se fit entendre derrière la portière placée à droite de la cheminée. La Reine était là; elle avait assisté à l'entretien et se retirait. Crispi feignit de n'avoir rien entendu.

Qui des trois personnages, le Roi, la Reine ou Crispi, fut indiscret? Tous trois, peut-être; chacun ayant voulu raconter, de façon favorable pour lui et désavantageuse pour les autres, les incidents d'une entrevue qui fut le point de départ de l'orientation de la nouvelle politique Italienne.

Un instant après, Crispi descendait les degrés qui, de la place du Quirinal, vont à la Via della Dataria, un inconnu le croisa, s'arrêta un instant et, se découvrant : « Salut au maître de l'Italie ! » et il disparut.

XII

La Reine d'Italie chez l'Évêque de Tarentaise
22 juillet 1890.

Tout le jour, la chaleur avait été accablante. Vers le soir, le ciel se couvrit et un violent orage éclata.

Sa Grandeur, Mgr Beauvais, évêque de Moustiers, en Tarentaise, empêché de continuer son travail, par le bruit des éclats de la foudre, la pluie qui fouettait contre les vitres et le temps, devenu tout noir, prit son bréviaire et, parcourant, à petits pas, son cabinet, commença à dire son office.

Mgr Beauvais est grand, maigre, encore jeune, cinquante ans, à peine; ses cheveux sont noirs, son regard est profond. Toute sa personne a cette apparence ascétique qu'on aime voir aux prêtres.

L'orage fut de courte durée; il s'apaisa et l'Évêque, s'approchant d'une fenêtre, l'ouvrit, s'appuyant pour regarder, au dehors, les nuages bas roulant dans le ciel, la campagne toute mouillée, les arbres ruisselants d'eau, et l'Isère coulant à pleins bords, à ses pieds, en menant grand tapage. La nuit venait. L'Évêque s'oublia un long moment, perdu dans ses prières et ses pensées.

L'existence, à Moustiers, est triste ; les relations sociales font défaut ; l'Evêque doit y vivre seul. Il a besoin, pour supporter cette vie solitaire sans défaillance, ni ennui, d'avoir l'âme saine, la foi grande, et l'imagination bien réglée.

Si Mgr Beauvais a l'âme forte et la foi sûre, en revanche, il n'est pas toujours maître de son imagination. Elle l'emporte souvent bien loin, au delà de ce monde. En ce moment, il est si complètement absorbé qu'il n'entend pas le bruit des chevaux, des roues d'une voiture qui traverse la place de la cathédrale et s'arrête devant l'évêché.

La porte du cabinet s'est ouverte, et l'abbé Tencin, secrétaire particulier, a paru sur le seuil.

L'abbé est un peu ému ; il parle tout d'une traite, en homme essoufflé :

— Un vetturino vient de s'arrêter à la porte de l'évêché ; deux dames sont descendues de voiture, mouillées, trempées, dans un état lamentable. Elles demandent à Monseigneur de les recevoir, de leur donner asile. Elles sont parties, ce matin, de l'hospice ; les chevaux n'ont pas voulu marcher ; elles ont reçu tout l'orage, ont eu très peur et, ne pouvant repartir ce soir, elles ne savent où aller.

— Que me contez-vous là, abbé ? Il faut éconduire ces femmes, leur donner un secours, les envoyer à l'hôtel. Que voulez-vous que nous en faisions ici ?

— Leur donner un secours ! Mais, Monseigneur, elles arrivent avec un vetturino à quatre chevaux ! Par ce temps, tous les touristes sont chassés de la montagne et il n'y a pas de place dans les hôtels. Je leur ai dit que j'allais prévenir Votre Grandeur. Elles m'ont suivi et se sont installées au salon comme chez elles.

Haussant légèrement les épaules, en homme ennuyé, le prélat sortit de son cabinet, se dirigeant vers le salon où attendaient les deux inconnus. Par la porte entr'ouverte, il les aperçut, l'une assise, l'autre debout, parlant bas et semblant se consulter.

L'Évêque ne se connaissait pas en femmes ; il jugea cependant, que, des deux femmes sous ses yeux, l'une, celle assise, était blonde, avait été jolie, que sa figure était fatiguée, et qu'elle avait grand air; l'autre, plus âgée, brune, un peu forte semblait témoigner, à la première, des égards, presque du respect.

En apercevant l'Évêque, la femme assise écarta de la main sa compagne, et, sans se lever :

— Monseigneur, deux pauvres voyageuses, perdues dans vos montagnes, viennent vous demander asile. Nous sommes parties, ce matin, du Saint-Bernard, de l'hospice. Notre vetturino avait promis de nous faire descendre et remonter avant la nuit. Le maladroit avait de mauvais chevaux, ils n'ont pu marcher ; l'orage est venu. Il a été effroyable dans la montagne ! Nous sommes restées trois heures sans pouvoir avancer. Impossible de songer à remonter ce soir : il nous faut demeurer à Moustiers ; mais où? Les deux hôtels sont pleins. Tous les voyageurs sont dans notre cas. Ne nous renvoyez pas. Nous serions réduites à coucher au milieu de la rue.

La femme s'exprimait en français très correct, avec un accent piémontais prononcé et un léger zézaiement. Elle avait fait son récit gaiement, d'une voix rieuse ; ses yeux mobiles donnaient, à sa figure, une expression particulière très avenante.

Elle s'interrompit et se reprenant, tout à coup, comme une personne qui répare un oubli :

— La comtesse de Cittamarina, fit-elle, en désignant sa compagne ; la duchesse de Turin, et, d'un mouvement de tête, elle se désigna elle-même.

L'Evêque n'était pas préparé à recevoir pareille compagnie ; comme il n'était point sot, il avait bien, dès l'abord ; jugé que ses hôtes imprévus étaient de haute volée. En apprenant à qui il avait affaire, il se sentit un peu intimidé : duchesse et comtesse ne sont point relations habituelles des évêques de Tarentaise.

Vite, il se remit d'aplomb, rendant grâces au ciel qui envoyait, sous son toit, des voyageurs égarés, s'excusant de la modestie de son hospitalité ; et, faisant venir les deux religieuses du tiers ordre, chargées du soin de son intérieur, il leur confia les étrangères.

Le palais fut un peu bouleversé par une telle aventure et, quand l'Evêque, ayant donné ses ordres et fait ses préparatifs, voulut achever de dire son bréviaire, il ne put éviter nombre de distractions.

Mgr Beauvais fit, avec un tact parfait, les honneurs de sa maison, resta simple, sans exagérer son humilité, et sans affecter un empressement déplacé.

Les voyageuses mouraient de faim ; elles firent honneur au dîner, et, vers la fin du repas, déjà, la glace était rompue. Elles entrèrent dans de nouveaux détails au sujet de leur aventure, la racontèrent gaiement, faisant rire, à gorge déployée, le jeune abbé, tout heureux de voir pareille fête au sombre logis.

Bientôt, arrivèrent, à l'adresse de la Duchesse, des dépêches en réponse à celles envoyées à ses amis, à Aoste et à Gressoney, et la soirée se passa dans le salon, devant les fenêtres ouvertes sur l'Isère, qui déjà s'apaisait et faisait moins de bruit.

Les deux étrangères parlèrent de leur départ du lendemain, du chemin qu'elles avaient suivi de celui qu'elles voudraient suivre au retour. Une discussion s'engagea et, pour justifier ses indications, l'Evêque alla, dans son cabinet, prendre une carte qu'il étala sur une table. Tous les quatre, l'abbé compris, se mirent à l'étude.

La Duchesse laissa, un moment, son regard, s'éloigner des doigts de l'Evêque qui lui traçait son chemin, bientôt elle n'écouta plus, très absorbée, et, coupant court :

— Qu'est cela, Monseigneur ?

Cela, c'était une ligne au crayon bleu, suivant

tantôt le cours de la Dora, tantôt celui du Rhône ou de la Doire.

L'Evêque s'arrêta un instant, vit ce dont il s'agissait et, en homme avisé, continua à parler, comme s'il n'avait pas entendu.

La Duchesse l'interrompit de nouveau et, vivement :

— Qu'est cette carte ?

Elle la retourna, pour voir d'où elle provenait.

— Que sont ces indications ? Les frontières des Etats sont inexactement tracées. Celles de l'Italie sont reportées au delà des Alpes. Elles suivent le Rhône, la Dora, le lac Majeur, le Tessin ; voici une variante qui, du Rhône, passe à Martigny, suit la grande Doire et le Pô. Est-ce que vous vous occupez à refaire la carte d'Europe, Monseigneur ?

Sa voix était devenue hautaine.

Cette attitude, ce ton, déplurent sans doute au prélat, car, cette fois, il parut très bien avoir entendu :

— Oui, madame, les tracés que vous voyez sont, en effet, des études de rectification de frontières dues à mon initiative privée.

— Une rectification de frontières aux dépens de la Suisse, de l'Italie ? Une annexion pacifique, ou une conquête à main armée? Allez-vous donc partir en guerre, Monseigneur?

L'Evêque crut devoir répondre à côté.

— A la Suisse, fit-il, je prends si peu de chose, presque rien. L'Italie, il est vrai, est plus sacrifiée; mais, comme dans le partage de la France, l'Allemagne lui a donné la Tunisie, l'Algérie, la Provence, les Alpes jusqu'au Rhône et la Savoie, à la condition, il est vrai, d'aller les prendre, elle ne doit pas trouver mauvais que, de notre côté, nous fassions notre part, part très modeste, vous voyez, pour le cas où le sort des armes nous serait favorable.

— Pour un serviteur du Dieu de paix, vous avez des projets bien belliqueux.

— Ce ne sont pas mes projets qui sont belliqueux, mais ceux de nos voisins. C'est en pensant à nous défendre que j'ai été amené à l'idée d'attaquer et à profiter de la victoire. Les officiers français, chargés des travaux de défense des passages des Alpes, traversent souvent Moutiers; ils me font l'honneur de me rendre visite. Nous causons et, notre imagination aidant, nous croyons facilement la réalité conforme à nos désirs.

— La vue de ces horribles lignes bleues m'a

bouleversée. Nous sommes très chauds patriotes, en Italie.

— Pas plus que nous le sommes en France, madame.

— Vous connaissez très bien, je le vois, les pays italiens d'au delà des Alpes.

Et l'attention de la duchesse, un moment détournée, revint à la carte.

— Je n'ai jamais franchi la frontière. Le tracé que vous voyez est l'œuvre du colonel qui vient de construire le fort de Valmis. Il était ici la semaine dernière, et c'est pour me rendre sensible l'avantage qu'aurait pour la France une rectification de frontières du côté de la Tarentaise, qu'il a fait, sur cette carte, les tracés dont vous vous êtes si fort troublée.

— Le fort de Valmis est ici? On me l'a montré, ce matin.

— Oui, madame. Il domine le col du petit Saint-Bernard, le seul point où il soit possible de passer de la vallée d'Aoste, dans la vallée de la Tarentaise. Il ferme une porte restée ouverte. Les défenses d'Albertville en ferment une autre. Nous sommes rassurés sur les mauvais desseins de nos amis.

Et l'Evêque parlait avec onction, un doux sourire ôtait toute aigreur à ses paroles.

La duchesse, pourtant, ne s'y méprit pas :

— Vous n'aimez pas les Italiens ? Il n'y a pas longtemps encore, cependant, ce pays appartenait au Piémont.

— J'aime tous les hommes ; mais je l'avoue, et, en cela, je crains de manquer de charité chrétienne, j'éprouve un profond éloignement pour les gouvernants qui ont fait, du peuple italien, l'ennemi de la France et l'ami de l'Allemagne ; qui oppriment notre Saint-Père et attaquent notre religion.

— La religion est respectée en Italie. Notre Saint-Père (la duchesse se signa) n'est ni opprimé, ni prisonnier. Il est libre ; il peut, s'il lui plaît, sortir du Vatican, aller et venir, à son gré, à Rome, dans toute l'Italie.

— Avez-vous donc oublié les tristes scènes qui, dans la nuit du 12 juillet 1881, ont accompagné la translation des restes de Pie IX, de Saint-Pierre à Saint-Laurent ? et, vous, catholique, voudriez-vous que Léon XIII exposât le chef de la catholicité aux insultes de la populace ameutée par les agents du gouvernement ?

— Arrêtons-nous, monseigneur, nous allons parler politique, et politique religieuse, la plus horrible de toutes. Mon mari est quelque chose dans ce gouvernement pour lequel vous êtes si dur, et je ne puis vous faire de concession.

— Moi non plus, madame.

Les deux interlocuteurs riaient du bout des lèvres, en gens de bonne compagnie qui, ne voulant pas aller trop loin, se méfient et restent sur leurs gardes.

Il y eut, ensuite, un moment de silence qu'interrompit la duchesse.

— Que dirait-on, en France, si la reine d'Italie y venait? Comment serait-elle reçue?

— Si Sa Majesté se présentait en France comme l'amie de l'Empereur d'Allemagne.....

— Elle serait reçue comme l'a été ce malheureux Alphonse, roi d'Espagne, n'est-ce pas?

L'Evêque s'inclina et continua :

— Mais si elle y venait chercher un asile, en souveraine détrônée, humiliée, chassée, elle y serait entourée d'égards et de respects.

— Grand merci! Ce serait payer un peu cher ces égards et ces respects! La Reine préférera, sans doute, rester sur son trône.

— Hélas! Les trônes sont chancelants! Qui s'est servi de l'épée, périra par l'épée, a dit Notre-Seigneur. Les souverains d'Italie se sont emparés du trône de Saint-Pierre et ils ont porté la main sur les biens de l'Eglise ; vienne le jour de la colère céleste et il ne restera que poussière de cette puissance conquise au mépris de toute justice et de tous droits. Au jour du châtiment, quelle voix s'élèvera pour défendre ceux qui se sont dressés contre Dieu, contre son représentant ? Qu'auront à répondre ces princes précipités de leur trône, eux qui ont élevé le leur sur des ruines amoncelées par leurs violences ? Où trouveront-ils un asile quand leurs biens terrestres, arrachés, par la force, au Saint-Père, au roi de Naples, aux ducs de Toscane, de Parme et de Modène, feront retour à leurs maîtres légitimes ? Quel sera leur abaissement au jour où ils devront paraître devant Dieu, pour y rendre compte de leurs exactions et de leur félonie ! La main de Dieu n'a pas attendu ce jour pour les frapper. Déjà elle s'est apesantie sur eux et la sainte Eglise leur a refusé le droit de prier ; l'entrée du temple leur est fermée, et ils ont dû user de subterfuge pour pouvoir, comme des réprouvés, entendre la Sainte Messe dans une partie écartée de leur palais.

La voix de l'Évêque s'était faite âpre et violente ; elle résonnait durement aux oreilles des deux femmes inquiètes et troublées.

— Vous nous donnez le frisson, Monseigneur, nous aurons le cauchemar cette nuit ; et, se levant, la duchesse s'approcha de l'une des fenêtres. Elle regarda, un moment, le ciel d'un bleu profond, plein d'étoiles ; écouta le bruit de l'eau se brisant, en bas, contre les murs du palais et, déclarant qu'il était tard, qu'elle avait besoin de repos, prit congé de son hôte.

— A quelle heure est votre messe, demain, Monseigneur ?

— A six heures. Je puis la retarder, s'il vous convient.

Il fut convenu que l'Évêque célébrerait sa messe, le lendemain, à huit heures, dans la chapelle épiscopale.

Comme, pour gagner leurs chambres, la duchesse et sa compagne traversaient un petit salon et une salle d'attente, elles s'arrêtèrent devant un portrait de Victor-Emmanuel, accroché au mur. L'annexion de la Savoie à la France avait trouvé ce portrait dans le grand salon du palais épiscopal ; du grand salon, il était successivement passé au petit, puis à l'antichambre. Ce portrait, mal dessiné, aux tons criards, rappelait, cependant, l'expression à la fois madrée et orgueilleuse du roi « galantuomo ».

Les deux femmes prolongèrent leur examen, échangeant leurs impressions avec cette volubilité de langage particulière aux Italiens. quand ils se méfient des auditeurs.

L'Évêque regardait, étonné, un peu inquiet. Qu'étaient ces deux femmes? Il sourit, repoussant une pensée importune. Puis, il eut comme une rapide intuition et s'éloigna, la tête inclinée : avait-il cédé à un sentiment humain, poussé par le démon de l'orgueil? ou bien, Dieu s'était-il servi de son humble serviteur pour faire entendre la parole de vérité! Cette femme, cette duchesse de Turin, l'Évêque le devinait maintenant, était Marguerite de Savoie-Gênes, reine d'Italie.

Le Prélat entra dans son oratoire, s'agenouilla et resta longtemps en prières.

Le lendemain, après avoir entendu la messe, les deux femmes prirent congé de leur hôte et, s'agenouillant, lui demandèrent sa bénédiction.

L'Évêque éleva les mains et traça, dans l'air, le signe mystérieux.

La duchesse se redressa la première :

— Je dois, avant de vous quitter, Monseigneur, vous avouer que je vous ai trompé. Je ne suis point la duchesse de Turin ; je suis la Reine d'Italie ! Et toute frémissante d'orgueil, elle attendit.

L'Evêque hésita un moment, puis, d'une voix douce et calme :

— Je prierai Dieu pour vous, Madame, je demanderai à l'Esprit-Saint, de vous éclairer de sa divine lumière et de vous accorder le salut éternel.

XIII

S. **M.** **Humbert** Ier.
S. **Ex.** **F.** **Crispi**, **président du Conseil**.
26 **novembre** 1890.

Le salon du Quirinal qui sert d'antichambre
au cabinet du Roi, à la salle du conseil et à celle
des aides de camp, est rempli de visiteurs. Il
est, cependant dix heures du matin, à peine;
mais les temps sont graves : les élections générales ont eu lieu le dimanche précédent; le résultat en a été connu dans la nuit; chacun veut
savoir les nouvelles, prêt à se tourner du côté
d'où souffle le vent.

Cette foule, car c'est bel et bien une foule, est
composée d'éléments divers : gens de cour et
gens de gouvernement, familiers, courtisans,
seigneurs de haut et petit parage; tous sont là
avec un même désir, un même empressement
de trouver l'occasion de satisfaire leur vanité,
leur besoin de faveur.

Ils sont séparés par groupes, suivant les affinités de leur tempérament, l'appui qu'ils comp-

tent pouvoir prêter ou obtenir, obtenir surtout. Ils sont inquiets, affairés, parlent presque à voix basse, échangeant des renseignements vagues, incertains; émettant des doutes; évitant les af- firmations; cherchant à beaucoup apprendre, sans beaucoup dire; donnant une importance extrême à un détail oiseux, à une phrase sans portée.

Que sont les élections? Quel élément nouveau ont-elles apporté? quel changement peuvent-elles produire dans la marche du gouvernement dans la distribution des faveurs royales? Là est le gros souci, la grave inquiétude.

M. le marquis de Velletri, le chambellan de Sa Majesté, est à la porte du petit salon qui pré- cède le cabinet royal. On le questionne. Chaque nouvel arrivant l'interroge. Il fait l'important, le discret, ne sait rien... ne peut rien dire... Sa Majesté travaille avec M. Ratazzi, son secrétaire intime; personne ne doit pénétrer auprès du souverain, la consigne est absolue.

Le bruit des hallebardes des Suisses frappant la dalle, le bruit des armes des sentinelles ren- dant les honneurs, résonne dans le silence de l'escalier; les huissiers se précipitent, soulèvent la lourde portière verte à bandes rouges, et, dans l'encadrement des draperies, soudain paraît Son Excellence M. le Président du Conseil.

Chacun, à son attitude, comprend qu'il est sorti victorieux de la lutte et, dès lors, fait assaut d'empressement.

Le Ministre est comme toujours dur et hautain. Il sourit à tous ces gens qui le haïssent et qu'il méprise, répond à peine aux saluts qu'il reçoit, serre au hasard, du bout des doigts, les mains tendues, passe dédaigneux, son portefeuille plein, bourré, sous le bras, et traverse le salon sans s'arrêter. Il salue du menton, le chambellan, debout près de la porte royale fermée à tous. Le chambellan s'incline, ouvre la porte et s'efface.

Quelle différence entre cette entrée et celle de trois ans avant, quand Crispi, introduit un soir, presque en cachette, est arrivé les pieds crottés.

Le cabinet royal, lui aussi, n'est plus tel qu'autrefois. Les deux tables accolées ont été remplacées par un grand bureau plat à saillies latérales. Au lieu de la pendule-empire représentant une Victoire, ailée et casquée, une borne en marbre surmontée d'une statuette de Guillaume Ier, don de Guillaume II. Un buste en marbre blanc de Victor-Emmanuel, un autre de la Reine, se font face, sur des fûts de colonnes, dans les angles opposés. Le siège de travail est un simple fauteuil américain, mobile sur sa base.

Le ministre est près du Roi et lui lit un travail résumant le résultat des élections.

460 députés, ayant fait profession de foi monarchique et constitutionnelle, ont été élus; 50 députés, dits progressistes, socialistes, irrédentistes, opposants de toutes nuances, sont également élus. Il reste encore à connaître quelques votes regardés comme incertains, ou susceptibles d'annulation.

Le gouvernement vient d'obtenir pour le Roi et sa dynastie, un éclatant témoignage d'affection et de dévouement.

Aucun trouble n'a eu lieu, malgré la liberté absolue laissée aux candidats opposants de se produire, malgré le déchaînement des passions politiques, malgré l'ardeur de la lutte. Nulle part l'ordre n'a été menacé, aucune mesure de répression n'a été jugée nécessaire.

En quelques mots, très brefs, le Roi félicita son ministre. Il voyait, par ce résultat, disparaître tout grave embarras, tant à l'intérieur qu'à l'extérieur et constatait, avec bonheur, que le sentiment national, d'accord avec la marche suivie par le gouvernement, ne réclamait aucun changement, aucune modification à l'ordre de choses actuel.

— Je demanderai à Votre Majesté de me permettre de lui dire que, si les conditions politiques intérieures sont, en ces derniers temps, sensiblement restées identiques, il n'en est pas de même de la politique extérieure dont les conditions modifiées exigent une nouvelle orientation.

— A quel point de vue? fit le Roi, subitement soucieux.

— Quand Votre Majesté m'a fait l'honneur de m'appeler au pouvoir...

— La Chambre vous a désigné ; j'ai ratifié son choix, aucun ne pouvait être plus heureux, le Roi grommelait entre ses dents, il ajouta : Je n'ai pas fait plus, je n'aurais pas voulu faire autre chose.

— ... L'Italie en était à ses débuts comme grande puissance; elle avait un indispensable besoin d'appui en Europe, appui assez fort, pour se faire accepter sans conteste, sans être discutée. Votre auguste père avait compris cette nécessité, vous l'avez comprise, à votre tour, Sire, et l'alliance avec l'Allemagne, l'alliance devenue la triple alliance, a été conclue dans ce but. Je l'ai trouvée faite. Peut-être, au début, si j'avais eu ma liberté d'action, n'est-ce pas vers l'Allemagne que m'auraient dirigé mes sympathies. Mais j'étais en face du fait accompli; puis j'ai cru la triple alliance nécessaire à la grandeur de la patrie, à son relèvement, je l'ai acceptée, je l'ai consolidée. J'ai même quoiqu'il m'en coûtât, accompagné Votre Majesté à Berlin. Aujourd'hui, tout a changé d'aspect, l'horizon n'est plus le même. L'Italie, devenue forte et puissante, n'a plus besoin, d'alliés. Comme Sixte-Quint, elle peut se passer de béquilles et doit les jeter loin d'elle. La triple alliance atteindra bientôt l'époque à laquelle elle doit expirer, elle ne doit pas être renouvelée.

Le Roi eut un sursaut qu'il ne chercha pas à réprimer.

— Comme vous y allez ! N'étiez-vous donc pas l'ami de l'ancien chancelier? N'êtes-vous pas l'ami du nouveau?

Ma personne n'est pas ici en jeu. Aucun lien d'amitié n'existe, Sire, entre l'Allemagne, l'Autriche et l'Italie. Toutes trois avaient conclu un traité d'alliance ayant pour base leurs intérêts réciproques ; ces intérêts n'existent plus, le traité qui les défendait n'a plus sa raison d'être. Que Votre Majesté me pardonne la netteté de mes déclarations, en raison du sentiment qui me les impose. Dans les trois dernières années, l'Italie a tiré profit de son alliance avec l'Allemagne et l'Autriche. Cette alliance lui a garanti l'intégrité de son territoire, lui a assuré la paix, le premier des biens. Aujourd'hui, que peuvent l'Allemagne et l'Autriche pour l'Italie? La première nous attire le mauvais vouloir d'un voisin puissant dont l'amitié pourrait aider à notre prospérité financière; l'autre nous empêche de revendiquer les terres italiennes qu'elle détient encore.

— Je vous ai toujours vu opposé à toute politique d'isolement, vous la préconisez aujourd'hui!

— Non pas, Sire; la politique d'isolement serait, certes, la meilleure, au point de vue théorique; mais, au point de vue pratique, il vaut mieux être l'ami de tous, ne contracter d'alliance que pour une courte durée, pour un but déterminé, un danger prévu. C'est là que doit tendre la nouvelle politique italienne.

L'existence de l'Autriche et de la France sont une garantie pour nos frontières, une sécurité pour l'équilibre européen. Si l'Autriche n'existait pas, il faudrait la créer, former un état composé de tant de races inquiètes occupées d'apaiser leurs continuelles querelles. Est-il possible de penser à une Europe privée de la France, privée de son irrésistible force d'attraction, de son influence civilisatrice, de son charme de séduction sur les sociétés modernes?

Placée entre ces deux pays, l'Italie doit également, être l'amie de toutes deux, répudiant toute autre alliance. Elle peut leur demander, comme unique gage de leur sympathie, de renoncer à l'action qu'au point de vue catholique, elles exercent, depuis si longtemps, de ce côté des Alpes, concession facile à obtenir, non seulement parce qu'elle est juste, mais encore parce qu'elle est conforme à leurs intérêts.

Alors, l'Italie, redevenue maîtresse d'elle-même, débarrassée de tout vasselage, se montrera ce qu'elle est en réalité, assez forte pour assurer sa sécurité à l'intérieur, assez puissante pour défendre son indépendance si, du dehors, on osait la menacer.

Le Roi donnait des signes d'impatience. Évidemment, les appréciations de son ministre lui déplaisaient et il voulait éviter une discussion. A la fin, pourtant, il rompit le silence :

— N'êtes-vous pas en contradiction avec vous-même? Tout à l'heure vous vous félicitiez du résultat des élections, le regardant comme l'approbation de votre politique, et maintenant, si j'en crois vos paroles, vous voulez y renoncer, faire, non pas seulement autre chose, mais précisément le contraire.

— Cette contradiction apparente ne pouvait échapper à Votre Majesté. Le chiffre de la statistique officielle électorale l'explique et la justifie. Voyez, Sire, sur 2,586,000 électeurs inscrits, 1,436,000, seulement, ont pris part au vote, et 1,150,000 se sont abstenus. Les 1,436,000 votants comprennent 850,000 électeurs constitutionels et 586,000 opposants de toutes opinions. Si donc une partie des abstentionnistes venait se joindre aux opposants, pour une cause facile à prévoir...

— Laquelle?

— La permission de voter, accordée, au parti catholique, par le pape; ou l'influence grandissante du parti irrédentiste, parvenant à persuader aux électeurs que la triple alliance est maintenue dans un intérêt dynastique et non dans l'intérêt de la nation.

— Alors, s'écria le Roi, vous voulez rompre avec la politique qui, depuis vingt ans, a donné à l'Italie puissance et sécurité! Vous voulez, si j'ai saisi le sens de vos paroles, vous rapprocher du Pape, vous jeter dans les bras de la France!

Crispi comprit que, pour ce jour-là, il en avait assez dit. Il coupa court à l'entretien :

—Je vois que je n'ai pas eu le bonheur d'être compris par Votre Majesté.

Et prenant son portefeuille, il se leva, salua à peine et se retira.

Il évita de traverser le grand salon où sa présence eût, sans doute, produit quelque nouvel émoi. Une fois seul, au palais de la Consulta, il jeta ses papiers sur son bureau en homme qui a pris une résolution et en accepte les conséquences. Peut-être pensa-il, à ce moment, ne plus être ministre et jugeait-il que s'il perdait son portefeuille, le Roi courrait grand risque de perdre sa couronne dans la bagarre. Dans le hasard d'une république, qui mettrait-on à sa tête? Mais comme il ne fit ses confidences à personne, chacun ignora toujours pourquoi, à ce moment, un si étrange sourire hérissa, tout à coup sa grosse moustache.

Quelques jours plus tard, le 11 décembre, eut lieu, au Monte Citorio, l'ouverture de la Chambre nouvelle.

Les troupes faisaient la haie, depuis le Quirinal jusqu'au palais du parlement. Une escorte de chasseurs à cheval précédait le cortège. Devant la voiture du Roi, deux piqueurs en livrée rouge; deux écuyers aux portières. A côté du Roi, Son Excellence Crispi ; puis, dans les voitures venant à la suite, le prince de Naples, le duc d'Aoste, le duc de Gênes.

Le Roi fait son entrée dans le palais au bruit des salves d'artillerie, au son des cloches. Il pénètre dans la salle du Parlement et s'assied sur son trône. Le président du Conseil est à ses côtés. Au nom de Sa Majesté, il invite les sénateurs et les députés à s'asseoir. Les nouveaux membres des chambres prêtent le serment constitutionnel. Le Roi lit le discours préparé par le conseil des ministres et dans lequel figurait la fameuse phase : « L'Italie, désormais, forte et indépendante, n'a plus besoin d'alliés ; elle n'aura désormais que des amis ; tous ses efforts auront, pour unique objet, une politique d'apaisement et de concorde... »

Crispi attendait. Il attendit en vain, Sa Majesté avait, le matin même, biffé le passage ; et ne le lut pas.

Le 31 janvier 1891, Crispi, mis en minorité à la Chambre par une coalition des partis extrêmes, donnait sa démission.

XIV

« Le dictateur est à terre, rendons grâces aux dieux, et souhaitons qu'il ne puisse se relever de sa chute. »

C'est un journal italien, la *Fanfulla*, qui parle [1].

La presse française n'a pas insulté au vaincu ; pour elle, le départ de Crispi a été une satisfaction longtemps attendue, vivement désirée. Le succès obtenu l'a, un moment, étonnée.

Depuis quelque temps. Crispi était devenu, en France, la cause de tous nos maux. C'était le pelé, le galeux ; il avait l'âme noire et professait les plus perfides sentiments à notre égard. Il avait beau dire, on ne le croyait pas ; on lui répondait, avec assez de raison : mettez vos actes d'accord avec vos paroles. Le jour où il

---

[1] 1ᵉʳ février 1891.

semble avoir voulu le faire a été celui de sa chute, chute attendue comme le signal d'une ère nouvelle, celle d'une étroite union entre la France et l'Italie.

L'Italie est avec nous, répétaient à l'envi nos journaux, Crispi, seul, nous fait échec ! Peut-être, au contraire, était-il notre seul appui. Ainsi vont les choses ici-bas, ainsi se transmettent les traditions à l'aide desquelles on écrit l'histoire.

Il est tombé, il a disparu, déjà l'oubli se fait sur son nom.

Un autre a pris sa place.

Quel avantage avons-nous retiré de ce changement ? Quel profit nous a-t-il apporté ?

Il est venu ce ministère de droite qui devait rompre la triple alliance, préparer le traité de commerce et jeter l'Italie dans les bras de la France. Et, tout de suite, dès sa première heure, ne nous a laissé ni illusion, ni espérance.

M. di Rudini, chef du nouveau cabinet, a mis une certaine hâte à nous déclarer que son ministère n'avait ni l'intention de se séparer de l'Allemagne, ni l'intention de se rapprocher de la France [1]. La triple alliance a assuré à l'Italie une longue ère de paix. L'union avec la France

---

[1] Interpellation Ferrari, 5 mars 1891.

n'est pas conforme au sentiment national. C'est net, précis, pas de fausse interprétation possible.

Qu'avons-nous gagné au départ de Crispi? Lui, au moins, se déclarait l'ami de la France, déplorait la nécessité où il se trouvait de suivre une politique contraire à ses sentiments.

M. di Rudini dit carrément les choses, et nous savons, dès à présent, quelles sont ses dispositions à notre égard, ce que nous pouvons attendre de lui.

Et nous voilà réduits à désirer, à espérer la venue d'un ministère de gauche.

Lequel nous apportera une déception semblable aux précédentes?

Imbriani, lui-même, Imbriani, l'ennemi du trône et de l'autel, quand son tour sera venu d'être au faîte des grandeurs, ne changera rien à la situation. Cette situation est le résultat d'une tendance des esprits, d'un mouvement d'opinion que le temps, un concours de circonstances imprévues, pourraient, seuls, modifier.

Rapprochement instructif, sans qu'on doive en tirer des conséquences trop absolues : Crispi faisait, le 26 novembre, échec à la triple alliance; il tombait, deux mois plus tard. Di Rudini, à la même époque. célébrait, devant ses électeurs.

les bienfaits de la triple alliance; deux mois plus tard, il était premier ministre.

De tout ce qui précède, il faut, sinon tirer un enseignement, former une conclusion, du moins, présenter un résumé.

L'Italie n'est ni près de sa ruine, ni près de sa perte. Son unité se consolide, chaque jour. Ses armements excessifs sur terre et sur mer, lui assurent, incontestablement, son droit au rand de grande puissance.

Par suite des travaux considérables dont sa transformation a rendu l'exécution immédiate nécessaire, elle s'est trouvée engagée dans des opérations financières au-dessus de ses forces. Une crise s'est manifestée; les dépenses de l'armée et de la flotte ont aggravé la situation, en ont augmenté les dangers. Toutes les nations d'Europe ont, en ce siècle, pour des motifs analogues, traversé une crise du même genre, et en sont sorties. L'Italie fera de même.

En cas de conflit armé entre l'Italie et une autre puissance, la première serait un redoutable adversaire avec lequel il faudrait compter. La dédaigner exposerait à de cruels mécomptes.

L'Italie, elle l'affirme bien haut, ne se prépare pas à nous attaquer, son rôle se bornera à se mettre en garde. Mais elle pourrait bien commettre quelque erreur, ne pas voir juste, et nous attaquer sous prétexte de se défendre. Elle a, d'avance, reconnu le point des côtes d'Afrique sur lequel notre attention ne se porte pas et qui pourrait être favorable à ses projets. C'est user de grande précaution, voir les choses de loin.

L'Italie n'a pas voulu reconnaître notre protectorat en Tunisie. Son traité avec le bey expire en 1892, il ne sera pas renouvelé. Avec une bonne volonté qui ne lui fera pas défaut, l'Italie pourra voir là une attaque de notre part et agir en conséquence.

Les deux nations, la France et l'Italie, ont intérêt à renouer entre elles les relations commerciales interrompues ; mais comme la France veut faire, de la rupture de la triple alliance, une condition du nouveau traité, l'entente n'est pas près de s'établir.

L'Italien se déclare l'ami de la France ; mais non son allié, noble sentiment qui ne l'engage pas à grand'chose, ne l'empêche même pas d'être l'allié de nos ennemis et ne le dispenserait pas de prendre parti contre la France à la première occasion.

Nous n'avons, pour nous, en Italie, ni la nation, elle nomme des députés favorables à l'Allemand, ni le Roi, ni la Reine, leurs sympathies sont acquises aux cousins Impériaux, ni le gouvernement, son chef vient de le déclarer.

A l'en croire sur parole, nous aurions eu Crispi, Crispi et son parti. Par malheur, au lieu de le prendre au mot, nous avons tout fait pour l'éloigner, et, maintenant, il n'est plus. Reviendrat-il?

Les hommes politiques italiens opposés à la triple alliance, sont rares; ils s'en font une arme contre le pouvoir et ne sont pas, pour cela, favorables à l'idée d'une union avec la France; ils déclarent, même, le contraire.

Les avances que nous pourrions faire actuellement à l'Italie seraient sans résultat; elles nous aviliraient. Le moment psychologique n'est pas venu, il faut l'attendre : tout arrive. L'Italie est un peu étonnée de son importance, de sa fortune soudaine, elle l'exagère, sans le vouloir. L'Italien nous rend le dédain que, sans raison, sans savoir, tant de Français professent pour lui. L'expression mutuelle de ce sentiment dans la presse, tant Italienne que Française, ne facilite ni ne hâte le rétablissement de relations cordiales entre les deux pays.

Nous avons, contre l'Italie, une arme redoutable entre les mains : le cléricalisme. L'Italie a grand'peur de nous voir en faire usage. Elle peut se rassurer. Etant données nos institutions, étant donné le courant d'idées auquel obéissent nos gouvernants et la masse de la nation, il n'y a aucune chance pour que nous y ayons recours.

Après tout, un bienfait, dit-on, n'est jamais perdu; l'Italie se souviendra, peut-être, un jour, de ce que la France a, jadis, fait pour elle, de ce que la France fait de noble, de beau, de grand pour le monde entier, en y répandant les idées généreuses, les idées de civilisation et de progrès, les idées Françaises, en un mot, auxquelles toutes les sociétés modernes doivent leur grandeur.

San Remo, mars 1891.

TABLE DES MATIÈRES

V. — Situation financière, industrielle, administrative

VI. — Traité de commerce

VII. — La triple alliance

ÉVREUX, IMPRIMERIE DE CHARLES HÉRISSEY